Delicias de Asia
Un Viaje Culinario a Través de Sabores Exóticos

Sofía Chang

Contenido

Camarones Con Salsa De Lichi *10*
Camarones fritos con mandarina *11*
Camarones Con Tirabeques *12*
Camarones Con Hongos Chinos *13*
Camarones fritos y guisantes *14*
Camarones Con Chutney De Mango *16*
Gambas al estilo Pekín *18*
Camarones Con Pimientos *19*
Gambones Fritos Con Cerdo *19*
Gambones Fritos Con Salsa De Jerez *21*
Camarones fritos con semillas de sésamo *22*
Camarones fritos con cáscara *23*
Camarones fritos *24*
camarones en tempura *25*
Chicle *25*
Camarones Con Tofu *27*
Camarones Con Tomate *28*
Camarones Con Salsa De Tomate *28*
Camarones Con Salsa De Tomate Y Chile *29*
Gambones Fritos Con Salsa De Tomate *30*
Camarones Con Verduras *32*
Gambas Con Castañas De Agua *33*
wonton de camarones *34*
Abulón Con Pollo *35*
Abulón Con Espárragos *36*
Abulón Con Champiñones *37*
Abulón con salsa de ostras *38*
mejillones al vapor *39*
Mejillones con brotes de soja *40*
Mejillones Con Jengibre Y Ajo *41*
Almejas fritas *42*

- pasteles de cangrejo 43
- crema de cangrejo 44
- carne de cangrejo chino 45
- Cangrejo Foo Yung con brotes de soja 46
- Cangrejo Con Jengibre 47
- Cangrejo Lo Mein 48
- Cangrejo Frito Con Cerdo 50
- Carne de cangrejo frita 51
- bolas de sepia fritas 52
- langosta En cantonés 53
- langosta frita 54
- Langosta al vapor con jamón 55
- Langosta Con Champiñones 56
- Colas de langosta con cerdo 57
- langosta frita 58
- nidos de langosta 59
- Mejillones en salsa de judías negras 60
- Mejillones Con Jengibre 62
- Mejillones al vapor 63
- ostras fritas 64
- ostras con tocino 65
- Ostras Fritas Con Jengibre 66
- Ostras con salsa de frijoles negros 67
- Vieiras con brotes de bambú 68
- Vieiras Con Huevo 69
- Vieiras Con Brócoli 70
- Vieiras Con Jengibre 72
- Vieiras Con Jamón 73
- Huevos revueltos con vieiras a las finas hierbas 74
- Vieira y cebolla braseadas 75
- Vieiras Con Verduras 76
- Vieiras Con Pimientos 77
- Calamares con brotes de soja 78
- calamar frito 80
- paquetes de calamares 81
- rollitos de calamar frito 83

calmantes fritos *84*
Calamares Con Champiñones Secos *85*
Calamares Con Verduras *86*
Ternera estofada con anís... *87*
Ternera Con Espárragos *88*
Carne De Res Con Brotes De Bambú.. *89*
Ternera con brotes de bambú y setas *90*
Carne De Res Estofada China *91*
Ternera Con Brotes De Soja.. *92*
Ternera con brócoli *93*
Ternera con semillas de sésamo y brócoli...................................... *94*
Carne rostizada.. *96*
carne cantonesa *97*
Carne De Res Con Zanahorias *98*
Ternera con anacardos *99*
Cazuela de ternera en olla de cocción lenta................................. *100*
Ternera Con Coliflor *101*
Carne De Res Con Apio *102*
Rebanadas de ternera fritas con apio... *103*
Carne Deshebrada Con Pollo Y Apio... *104*
Carne de Chile *105*
Ternera con col china *107*
Chuleta de ternera suey *108*
carne con pepino *109*
Chow Mein de carne *110*
filete de pepino *112*
Curry de carne asada *112*
Pollo Frito Sencillo... *114*
Pollo En Salsa De Tomate *116*
Pollo Con Tomates.. *116*
Pollo guisado con tomates.. *117*
Pollo Y Tomates Con Salsa De Frijoles Negros........................... *118*
Pollo Cocido Rápidamente Con Verduras................................... *119*
pollo con nueces *120*
Pollo Con Nueces.. *121*
Pollo Con Castañas De Agua *122*

Pollo Salado Con Castañas De Agua 123
wonton de pollo 125
alitas de pollo crujientes 126
Alitas de pollo con cinco especias 127
Alitas de pollo marinadas 128
Alitas de pollo reales 130
Alitas de pollo picantes 132
Muslos de pollo a la parrilla 133
Muslos De Pollo Hoisin 134
pollo guisado 135
Pollo frito crujiente 136
Pollo Frito Entero 138
pollo en cinco sabores 139
Pollo con jengibre y cebollino 141
pollo cocinado 142
Pollo Hervido Rojo 143
Pollo con especias cocido rojo 144
Pollo asado con semillas de sésamo 144
Pollo En Salsa De Soja 145
pollo al vapor 146
Pollo al vapor con anís 147
sabor extraño a pollo 148
trozos de pollo crujientes 149
Pollo Con Judías Verdes 150
Pollo Cocido Con Piña 151
Pollo con pimientos y tomates 152
Pollo al sésamo 153
poussins fritos 154
Türkiye con tirabeques 155
Pavo Con Pimientos 157
pavo asado chino 159
Pavo con nueces y champiñones 160
pato con brotes de bambú 161
Pato con brotes de soja 162
pato guisado 163
Pato al vapor con apio 164

pato con jengibre 165
Pato Con Judías Verdes 167
pato frito al vapor 169
Pato Con Frutas Exóticas 170
Pato Estofado Con Hojas Chinas 172
pato borracho 173
pato cinco especias 174
Pato Frito Con Jengibre 175
Pato con jamón y puerro 176
Pato asado con miel 177
pato asado mojado 178
Pato guisado con champiñones 179
pato con dos champiñones 181
Pato Estofado Con Cebolla 182
Pato Con Naranja 184
Pato asado con naranja 185
Pato con peras y castañas 186
pato picoteando 187
Pato Estofado Con Piña 190
Pato Estofado Con Piña 191
Pato De Jengibre Y Piña 193
Pato Con Piña Y Lichis 194
Pato con cerdo y castañas 195
Pato Con Patatas 196
Pato rojo hervido 198
Pato Asado Con Vino De Arroz 199
Pato al vapor con vino de arroz 200
pato salado 201
Pato Salado Con Judías Verdes 202
pato cocido a fuego lento 204
Pato frito 206
pato con batatas 207
pato agridulce 209
Pato mandarín 211
Pato Con Verduras 211
Pato Frito Con Verduras 213

Pato Blanco Hervido *215*
pato con vino... *216*

Camarones Con Salsa De Lichi

para 4 personas

Taza individual 50g/2oz/¬Ω (universal)

harina

2,5 ml / ¬Ω cucharadita de sal

1 huevo, ligeramente batido

30 ml / 2 cucharadas de agua

450 g / 1 libra de camarones pelados

aceite para freír

30 ml / 2 cucharadas de aceite de maní

2 rodajas de raíz de jengibre, picadas

30 ml / 2 cucharadas de vinagre de vino

5 ml / 1 cucharadita de azúcar

2,5 ml / ¬Ω cucharadita de sal

15 ml / 1 cucharada de salsa de soja

200 g de lichi enlatado, escurrido

Mezclar la harina, la sal, el huevo y el agua hasta formar una masa, añadiendo un poco más de agua si es necesario. Mezclar con los camarones hasta que estén bien machacados. Calienta el aceite y fríe los camarones durante unos minutos hasta que estén crujientes y dorados. Escurrir sobre papel de cocina y colocar en un plato caliente. Mientras tanto, calentar el aceite y sofreír el jengibre durante 1 minuto. Agrega vinagre de vino, azúcar, sal y salsa de soja. Agregue el lichi y revuelva hasta que esté caliente y cubierto con la salsa. Vierta sobre los camarones y sirva inmediatamente.

Camarones fritos con mandarina

para 4 personas

60 ml / 4 cucharadas de aceite de maní

1 diente de ajo machacado

1 rodaja de raíz de jengibre, picada

450 g / 1 libra de camarones pelados

30 ml / 2 cucharadas de vino de arroz o jerez seco 30 ml / 2 cucharadas de salsa de soja

15 ml / 1 cucharada de harina de maíz (almidón de maíz)

45 ml / 3 cucharadas de agua

Calentar el aceite y sofreír el ajo y el jengibre hasta que estén ligeramente dorados. Agrega los camarones y fríe por 1 minuto.

Agregue vino o jerez y mezcle bien. Agrega la salsa de soja, la maicena y el agua y sofríe durante 2 minutos.

Camarones Con Tirabeques

para 4 personas

5 champiñones chinos secos

225 g de brotes de soja

60 ml / 4 cucharadas de aceite de maní

5 ml / 1 cucharadita de sal

2 tallos de apio picado

4 chalotas (chalotes), picadas

2 dientes de ajo machacados

2 rodajas de raíz de jengibre, picadas

60 ml / 4 cucharadas de agua

15 ml / 1 cucharada de salsa de soja

15 ml / 1 cucharada de vino de arroz o jerez seco

225 g/8 oz de guisantes tirabeques

225 g de gambas peladas

15 ml / 1 cucharada de harina de maíz (almidón de maíz)

Remojar los champiñones en agua tibia durante 30 minutos y luego escurrirlos. Deseche los tallos y corte la parte superior. Blanquear los brotes de soja en agua hirviendo durante 5 minutos y escurrir bien. Calentar la mitad del aceite y sofreír la sal, el apio, las cebolletas y los brotes de soja durante 1 minuto, luego retirar de la sartén. Calentar el aceite restante y sofreír el ajo y el jengibre hasta que estén ligeramente dorados. Agrega la mitad del agua, la salsa de soja, el vino o jerez, los guisantes y los camarones, deja hervir y cocina por 3 minutos. Mezcle la harina de maíz y el agua restante hasta formar una pasta, revuelva en la sartén y cocine, revolviendo, hasta que la salsa espese. Vuelva a colocar las verduras en la sartén y cocine a fuego lento hasta que estén completamente calientes. Servir inmediatamente.

Camarones Con Hongos Chinos

para 4 personas

8 champiñones chinos secos

45 ml / 3 cucharadas de aceite de maní (maní)

3 rodajas de raíz de jengibre, picadas

450 g / 1 libra de camarones pelados

15 ml / 1 cucharada de salsa de soja
5 ml / 1 cucharadita de sal
60 ml / 4 cucharadas de caldo de pescado

Remojar los champiñones en agua tibia durante 30 minutos y luego escurrirlos. Deseche los tallos y corte la parte superior. Calentar la mitad del aceite y sofreír el jengibre hasta que esté ligeramente dorado. Agrega los camarones, la salsa de soja y la sal y fríe hasta que estén cubiertos de aceite, luego retíralos de la sartén. Calentar el aceite restante y sofreír los champiñones hasta que estén cubiertos de aceite. Agrega el caldo, lleva a ebullición, tapa y cocina por 3 minutos. Vuelva a colocar los camarones en la sartén y revuelva hasta que estén bien calientes.

Camarones fritos y guisantes

para 4 personas

450 g / 1 libra de camarones pelados
5 ml / 1 cucharadita de aceite de sésamo
5 ml / 1 cucharadita de sal
30 ml / 2 cucharadas de aceite de maní
1 diente de ajo machacado

1 rodaja de raíz de jengibre, picada
8 oz/225 g de guisantes blanqueados o congelados, descongelados
4 chalotas (chalotes), picadas
30 ml / 2 cucharadas de agua
sal y pimienta

Mezclar los camarones con aceite de sésamo y sal. Calentar el aceite y sofreír el ajo y el jengibre durante 1 minuto. Agrega los camarones y fríe por 2 minutos. Agrega los guisantes y sofríe durante 1 minuto. Agrega el cebollino y el agua, sazona con sal y pimienta y un poco de aceite de sésamo, si lo deseas. Vuelva a calentar, revolviendo con cuidado, antes de servir.

Camarones Con Chutney De Mango

para 4 personas

12 camarones

sal y pimienta

jugo de 1 limón

30 ml / 2 cucharadas de harina de maíz (almidón de maíz)

1 mango

5 ml / 1 cucharadita de mostaza en polvo

5 ml / 1 cucharadita de miel

30 ml / 2 cucharadas de crema de coco

30 ml / 2 cucharadas de curry suave en polvo

120 ml / 4 fl oz / ¬Ω taza de caldo de pollo

45 ml / 3 cucharadas de aceite de maní (maní)

2 dientes de ajo picados

2 chalotes (chalotes), picados

1 bulbo de hinojo, picado

100 g / 4 oz de chutney de mango

Pelar los camarones dejando las colas intactas. Espolvorea con sal, pimienta y jugo de limón, luego espolvorea con la mitad de la maicena. Pele el mango, corte la pulpa del hueso y luego córtela en cubos. Mezcle la mostaza, la miel, la crema de coco, el curry en polvo, el resto de la maicena y el caldo. Calentar la mitad del aceite y sofreír los ajos, la cebolleta y el hinojo durante 2 minutos. Agrega el caldo, lleva a ebullición y cocina por 1 minuto. Agregue los cubos de mango y el chutney, caliente suavemente y luego transfiéralo a un plato caliente. Calentar el aceite restante y sofreír las gambas durante 2 minutos. Colócalos encima de las verduras y sírvelos todos de una vez.

Gambas al estilo Pekín

para 4 personas

30 ml / 2 cucharadas de aceite de maní
2 dientes de ajo machacados
1 rodaja de raíz de jengibre, finamente picada
225 g de gambas peladas
4 cebolletas (chalotes), picadas en trozos grandes
120 ml / 4 fl oz / ¬Ω taza de caldo de pollo
5 ml / 1 cucharadita de azúcar moreno
5 ml / 1 cucharadita de salsa de soja
5 ml / 1 cucharadita de salsa hoisin
5 ml / 1 cucharadita de salsa Tabasco

Calentar el aceite con el ajo y el jengibre y sofreír hasta que el ajo esté ligeramente dorado. Agrega los camarones y fríe por 1 minuto. Agrega el cebollino y sofríe durante 1 minuto. Agregue los ingredientes restantes, lleve a ebullición, cubra y cocine a fuego lento durante 4 minutos, revolviendo ocasionalmente. Revisa la sazón y agrega un poco más de salsa Tabasco si lo prefieres.

Camarones Con Pimientos

para 4 personas

30 ml / 2 cucharadas de aceite de maní
1 pimiento verde cortado en trozos
450 g / 1 libra de camarones pelados
10 ml / 2 cucharaditas de harina de maíz (almidón de maíz)
60 ml / 4 cucharadas de agua
5 ml / 1 cucharadita de vino de arroz o jerez seco
2,5 ml / ¬Ω cucharadita de sal
45 ml / 2 cucharadas de puré de tomate (pasta)

Calentar el aceite y sofreír los pimientos durante 2 minutos. Agrega los camarones y el puré de tomate y mezcla bien. Mezcle el agua con maicena, el vino o el jerez y la sal hasta formar una pasta, revuelva en la sartén y cocine a fuego lento, revolviendo, hasta que la salsa se adelgace y espese.

Gambones Fritos Con Cerdo

para 4 personas

225 g de gambas peladas

100 g de carne magra de cerdo desmenuzada
60 ml / 4 cucharadas de vino de arroz o jerez seco
1 clara de huevo
45 ml / 3 cucharadas de harina de maíz (almidón de maíz)
5 ml / 1 cucharadita de sal
15 ml / 1 cucharada de agua (opcional)
90 ml / 6 cucharadas de aceite de maní
45 ml / 3 cucharadas de caldo de pescado
5 ml / 1 cucharadita de aceite de sésamo

Coloque los camarones y el cerdo en platos separados. Mezclar 45 ml/3 cucharadas de vino o jerez, clara de huevo, 30 ml/2 cucharadas de maicena y sal hasta formar una masa suelta, añadiendo agua si es necesario. Divida la mezcla entre la carne de cerdo y los camarones y mezcle bien para cubrir uniformemente. Calentar el aceite y sofreír el cerdo y los camarones durante unos minutos hasta que estén dorados. Retirar de la sartén y verter todo menos 15 ml / 1 cucharada de aceite. Agrega el caldo a la olla con el resto del vino o jerez y la maicena. Llevar a ebullición y cocinar, revolviendo, hasta que la salsa espese. Vierta sobre los camarones y el cerdo y sirva rociados con aceite de sésamo.

Gambones Fritos Con Salsa De Jerez

para 4 personas

50 g / 2 oz / ½ taza de harina de trigo (para todo uso)

2,5 ml / ½ cucharadita de sal

1 huevo, ligeramente batido

30 ml / 2 cucharadas de agua

450 g / 1 libra de camarones pelados

aceite para freír

15 ml / 1 cucharada de aceite de maní

1 cebolla finamente picada

45 ml / 3 cucharadas de vino de arroz o jerez seco

15 ml / 1 cucharada de salsa de soja

120 ml / 4 fl oz / ½ taza de caldo de pescado

10 ml / 2 cucharaditas de harina de maíz (almidón de maíz)

30 ml / 2 cucharadas de agua

Mezclar la harina, la sal, el huevo y el agua hasta formar una masa, añadiendo un poco más de agua si es necesario. Mezclar con los camarones hasta que estén bien machacados. Calienta el aceite y fríe los camarones durante unos minutos hasta que estén crujientes y dorados. Escurrir sobre papel de cocina y colocar en una fuente caliente. Mientras tanto, calentar el aceite y sofreír la cebolla hasta que esté blanda. Agregue vino o jerez, salsa de soja y caldo, deje hervir y cocine a fuego lento durante 4 minutos. Mezcle la harina de maíz y el agua hasta formar una pasta, revuelva en la sartén y cocine, revolviendo, hasta que la salsa se adelgace y espese. Vierte la salsa sobre los camarones y sirve.

Camarones fritos con semillas de sésamo

para 4 personas

450 g / 1 libra de camarones pelados

¬Ω clara de huevo

5 ml / 1 cucharadita de salsa de soja

5 ml / 1 cucharadita de aceite de sésamo

50 g / 2 oz / ¬Ω taza de harina de maíz (maicena)

sal y pimienta blanca recién molida

aceite para freír

60 ml / 4 cucharadas de sésamo

Hojas de lechuga

Mezclar los camarones con la clara de huevo, la salsa de soya, el aceite de sésamo, la maicena, la sal y la pimienta. Agrega un poco de agua si la mezcla está demasiado espesa. Calentar el aceite y sofreír los camarones unos minutos hasta que estén ligeramente dorados. Mientras tanto, tueste brevemente las semillas de sésamo en una sartén seca hasta que estén doradas. Escurre los camarones y mézclalos con las semillas de sésamo. Servir sobre una cama de lechuga.

Camarones fritos con cáscara

para 4 personas

60 ml / 4 cucharadas de aceite de maní

750 g de camarones sin pelar

3 chalotas (chalotes), picadas

3 rodajas de raíz de jengibre, picadas

2,5 ml / ¬Ω cucharadita de sal

15 ml / 1 cucharada de vino de arroz o jerez seco

120 ml / 4 fl oz / ¬Ω taza de salsa de tomate (ketchup)

15 ml / 1 cucharada de salsa de soja

15 ml / 1 cucharada de azúcar

15 ml / 1 cucharada de harina de maíz (almidón de maíz)

60 ml / 4 cucharadas de agua

Calienta el aceite y fríe los camarones durante 1 minuto si están cocidos o hasta que estén rosados si están crudos. Agrega las cebolletas, el jengibre, la sal y el vino o jerez y cocina por 1 minuto. Agrega la salsa de tomate, la salsa de soja y el azúcar y sofríe durante 1 minuto. Mezcle la maicena y el agua, agregue la sartén y cocine a fuego lento, revolviendo, hasta que la salsa se adelgace y espese.

Camarones fritos

para 4 personas

75 g / 3 oz / ¬° taza colmada de harina de maíz (maicena)
1 clara de huevo
5 ml / 1 cucharadita de vino de arroz o jerez seco
sal
350 g/12 oz de camarones pelados
aceite para freír

Mezclar la maicena, la clara de huevo, el vino o jerez y una pizca de sal hasta obtener una masa espesa. Sumerge los camarones en la masa hasta que estén bien empanizados. Calienta el aceite a fuego medio y fríe los camarones durante unos minutos hasta que estén dorados. Retirar del aceite, calentar hasta que esté caliente y freír los camarones nuevamente hasta que estén crujientes y dorados.

camarones en tempura

para 4 personas

450 g / 1 libra de camarones pelados
30 ml / 2 cucharadas de harina de trigo (universal)
30 ml / 2 cucharadas de harina de maíz (almidón de maíz)
30 ml / 2 cucharadas de agua
2 huevos batidos
aceite para freír

Corta los camarones en el medio de la curva interior y extiéndelos para formar una mariposa. Mezcla la harina, la maicena y el agua hasta formar una masa, luego agrega los huevos. Calentar el aceite y freír las gambas hasta que estén doradas.

Chicle

para 4 personas

30 ml / 2 cucharadas de aceite de maní
2 chalotes (chalotes), picados
1 diente de ajo machacado
1 rodaja de raíz de jengibre, picada
100 g de pechuga de pollo cortada en tiras
100 g de jamón cortado en tiras
100 g de brotes de bambú, cortados en tiras
100 g de castañas de agua cortadas en tiras
225 g de gambas peladas
30 ml / 2 cucharadas de salsa de soja
30 ml / 2 cucharadas de vino de arroz o jerez seco
5 ml / 1 cucharadita de sal
5 ml / 1 cucharadita de azúcar
5 ml / 1 cucharadita de harina de maíz (almidón de maíz)

Calentar el aceite y sofreír la cebolleta, el ajo y el jengibre hasta que estén ligeramente dorados. Agrega el pollo y sofríe por 1 minuto. Añade el jamón, los brotes de bambú y las castañas de agua y sofríe durante 3 minutos. Agrega los camarones y fríe por 1 minuto. Agrega la salsa de soja, el vino o jerez, la sal y el azúcar y cocina por 2 minutos. Mezclar la maicena con un poco de agua, revolver en una sartén y cocinar a fuego lento, revolviendo, durante 2 minutos.

Camarones Con Tofu

para 4 personas

45 ml / 3 cucharadas de aceite de maní (maní)
8 oz/225 g de tofu, cortado en cubitos
1 cebolleta (chalote), picada
1 diente de ajo machacado
15 ml / 1 cucharada de salsa de soja
5 ml / 1 cucharadita de azúcar
90 ml / 6 cucharadas de caldo de pescado
225 g de gambas peladas
15 ml / 1 cucharada de harina de maíz (almidón de maíz)
45 ml / 3 cucharadas de agua

Calentar la mitad del aceite y freír el tofu hasta que esté ligeramente dorado, luego retirar de la sartén. Calentar el aceite restante y sofreír la cebolleta y el ajo hasta que estén ligeramente dorados. Agrega la salsa de soja, el azúcar y el caldo y deja hervir. Agrega los camarones y revuelve a fuego lento durante 3 minutos. Mezcle la harina de maíz y el agua hasta formar una pasta, revuelva en la sartén y cocine, revolviendo, hasta que la salsa espese. Vuelva a colocar el tofu en la sartén y cocine hasta que esté completamente caliente.

Camarones Con Tomate

para 4 personas

2 claras de huevo
30 ml / 2 cucharadas de harina de maíz (almidón de maíz)
5 ml / 1 cucharadita de sal
450 g / 1 libra de camarones pelados
aceite para freír
30 ml / 2 cucharadas de vino de arroz o jerez seco
8 oz/225 g de tomates, pelados, sin semillas y picados

Mezclar las claras de huevo, la maicena y la sal. Agregue los camarones hasta que estén bien cubiertos. Calentar el aceite y freír los camarones hasta que estén cocidos. Vierta todo menos 15 ml/1 cucharada de aceite y caliente nuevamente. Agregue vino o jerez y tomates y deje hervir. Agregue los camarones y caliente rápidamente antes de servir.

Camarones Con Salsa De Tomate

para 4 personas

30 ml / 2 cucharadas de aceite de maní

1 diente de ajo machacado

2 rodajas de raíz de jengibre, picadas

2,5 ml / ½ cucharadita de sal

15 ml / 1 cucharada de vino de arroz o jerez seco

15 ml / 1 cucharada de salsa de soja

6 ml / 4 cucharadas de salsa de tomate (ketchup)

120 ml / 4 fl oz / ½ taza de caldo de pescado

350 g/12 oz de camarones pelados

10 ml / 2 cucharaditas de harina de maíz (almidón de maíz)

30 ml / 2 cucharadas de agua

Calentar el aceite y sofreír el ajo, el jengibre y la sal durante 2 minutos. Agrega el vino o jerez, la salsa de soja, la salsa de tomate y el caldo y deja hervir. Agrega los camarones, tapa y cocina a fuego lento durante 2 minutos. Mezcle la harina de maíz y el agua hasta formar una pasta, revuelva en la sartén y cocine, revolviendo, hasta que la salsa se adelgace y espese.

Camarones Con Salsa De Tomate Y Chile

para 4 personas

60 ml / 4 cucharadas de aceite de maní

15 ml / 1 cucharada de jengibre molido

15 ml / 1 cucharada de ajo picado

15 ml / 1 cucharada de cebolletas picadas

60 ml / 4 cucharadas de puré de tomate (pasta)

15 ml / 1 cucharada de salsa de chile

450 g / 1 libra de camarones pelados

15 ml / 1 cucharada de harina de maíz (almidón de maíz)

15 ml / 1 cucharada de agua

Calentar el aceite y sofreír el jengibre, el ajo y la cebolleta durante 1 minuto. Agregue el puré de tomate y la salsa de chile y mezcle bien. Agrega los camarones y fríe por 2 minutos. Mezcla la maicena y el agua hasta obtener una pasta, revuélvela en una sartén y cocina a fuego lento hasta que la salsa espese. Servir inmediatamente.

Gambones Fritos Con Salsa De Tomate

para 4 personas

50 g / 2 oz / ¬Ω taza de harina de trigo (para todo uso)

2,5 ml / ¬Ω cucharadita de sal
1 huevo, ligeramente batido
30 ml / 2 cucharadas de agua
450 g / 1 libra de camarones pelados
aceite para freír
30 ml / 2 cucharadas de aceite de maní
1 cebolla finamente picada
2 rodajas de raíz de jengibre, picadas
75 ml / 5 cucharadas de salsa de tomate (ketchup)
10 ml / 2 cucharaditas de harina de maíz (almidón de maíz)
30 ml / 2 cucharadas de agua

Mezclar la harina, la sal, el huevo y el agua hasta formar una masa, añadiendo un poco más de agua si es necesario. Mezclar con los camarones hasta que estén bien machacados. Calienta el aceite y fríe los camarones durante unos minutos hasta que estén crujientes y dorados. Escurrir sobre toallas de papel.

Mientras tanto, calentar el aceite y sofreír la cebolla y el jengibre hasta que estén tiernos. Agrega la salsa de tomate y cocina por 3 minutos. Mezcle la harina de maíz y el agua hasta formar una pasta, revuelva en la sartén y cocine, revolviendo, hasta que la salsa espese. Agregue los camarones a la sartén y cocine a fuego lento hasta que estén bien calientes. Servir inmediatamente.

Camarones Con Verduras

para 4 personas

15 ml / 1 cucharada de aceite de maní
225 g / 8 oz de floretes de brócoli
225 gramos de champiñones
225 g / 8 oz de brotes de bambú, rebanados
450 g / 1 libra de camarones pelados
120 ml / 4 fl oz / ½ taza de caldo de pollo
5 ml / 1 cucharadita de harina de maíz (almidón de maíz)
5 ml / 1 cucharadita de salsa de ostras
2,5 ml / ½ cucharadita de azúcar
2,5 ml / ½ cucharadita de raíz de jengibre rallada
una pizca de pimienta recién molida

Calentar el aceite y sofreír el brócoli durante 1 minuto. Añade las setas y los brotes de bambú y sofríe durante 2 minutos. Agrega los camarones y fríe por 2 minutos. Mezcle los ingredientes restantes y mézclelos con la mezcla de camarones. Llevar a ebullición, revolviendo, luego cocinar a fuego lento durante 1 minuto, revolviendo constantemente.

Gambas Con Castañas De Agua

para 4 personas

60 ml / 4 cucharadas de aceite de maní

1 diente de ajo picado

1 rodaja de raíz de jengibre, picada

450 g / 1 libra de camarones pelados

2 cucharadas / 30 ml de vino de arroz o jerez seco 8 oz / 225 g de castañas de agua, en rodajas

30 ml / 2 cucharadas de salsa de soja

15 ml / 1 cucharada de harina de maíz (almidón de maíz)

45 ml / 3 cucharadas de agua

Calentar el aceite y sofreír el ajo y el jengibre hasta que estén ligeramente dorados. Agrega los camarones y fríe por 1 minuto. Agregue vino o jerez y mezcle bien. Añade las castañas de agua y sofríe durante 5 minutos. Agrega el resto de los ingredientes y sofríe durante 2 minutos.

wonton de camarones

para 4 personas

450 g de camarones pelados y picados
8 oz/225 g de verduras mixtas, picadas
15 ml / 1 cucharada de salsa de soja
2,5 ml / ¬Ω cucharadita de sal
unas gotas de aceite de sésamo
40 pieles de wonton
aceite para freír

Mezcla los camarones, las verduras, la salsa de soja, la sal y el aceite de sésamo.

Para armar los wontons, sostén la piel en tu mano izquierda y coloca un poco del relleno en el medio. Cepille los bordes con huevo y doble la cáscara formando un triángulo, pegando los bordes. Pincelar las esquinas con huevo y girar.

Calentar el aceite y sofreír varios wontons hasta que estén dorados. Escurrir bien antes de servir.

Abulón Con Pollo

para 4 personas

400 g/14 oz de abulón enlatado
30 ml / 2 cucharadas de aceite de maní
100 g de pechuga de pollo cortada en cubos
100 g/4 oz de brotes de bambú, picados
250ml / 8oz / 1 taza de caldo de pescado
15 ml / 1 cucharada de vino de arroz o jerez seco
5 ml / 1 cucharadita de azúcar
2,5 ml / ¬Ω cucharadita de sal
15 ml / 1 cucharada de harina de maíz (almidón de maíz)
45 ml / 3 cucharadas de agua

Escurrir y picar el abulón, reservando el jugo. Calentar el aceite y freír el pollo hasta que esté ligeramente dorado. Añade el abulón y los brotes de bambú y sofríe durante 1 minuto. Agregue el líquido de abulón, el caldo, el vino o jerez, el azúcar y la sal, deje hervir y cocine a fuego lento durante 2 minutos. Mezcle la harina de maíz y el agua hasta formar una pasta y cocine a fuego lento, revoliendo, hasta que la salsa se adelgace y espese. Servir inmediatamente.

Abulón Con Espárragos

para 4 personas

10 champiñones chinos secos

30 ml / 2 cucharadas de aceite de maní

15 ml / 1 cucharada de agua

225 g de espárragos

2,5 ml / ¬Ω cucharadita de salsa de pescado

15 ml / 1 cucharada de harina de maíz (almidón de maíz)

8 oz/225 g de abulón enlatado, en rodajas

60 ml / 4 cucharadas de caldo

¬Ω zanahoria pequeña, en rodajas

5 ml / 1 cucharadita de salsa de soja

5 ml / 1 cucharadita de salsa de ostras

5 ml / 1 cucharadita de vino de arroz o jerez seco

Remojar los champiñones en agua tibia durante 30 minutos y luego escurrirlos. Deseche los tallos. Calentar 15 ml/1 cucharada de aceite con agua y sofreír los champiñones durante 10 minutos. Mientras tanto, cocer los espárragos en agua hirviendo con salsa de pescado y 5 ml/1 cucharadita de harina de maíz hasta que estén tiernos. Escurrir bien y colocar en un plato caliente con los champiñones. Mantenlos calientes. Calentar el aceite restante y sofreír el abulón unos segundos, luego añadir el caldo, la zanahoria, la salsa de soja, la salsa de ostras, el vino o jerez y el resto de la maicena. Cocine durante unos 5 minutos hasta que esté bien cocido, luego vierta sobre los espárragos y sirva.

Abulón Con Champiñones

para 4 personas

6 champiñones chinos secos

400 g/14 oz de abulón enlatado

45 ml / 3 cucharadas de aceite de maní (maní)

2,5 ml / ¬Ω cucharadita de sal

15 ml / 1 cucharada de vino de arroz o jerez seco

3 cebolletas (chalotes), picadas en trozos grandes

Remojar los champiñones en agua tibia durante 30 minutos y luego escurrirlos. Deseche los tallos y corte la parte superior. Escurrir y picar el abulón, reservando el jugo. Calentar el aceite y sofreír la sal y los champiñones durante 2 minutos. Agregue el abulón y el líquido de jerez, deje hervir, cubra y cocine a fuego lento durante 3 minutos. Agregue el abulón y las chalotas y cocine a fuego lento hasta que estén completamente calientes. Servir inmediatamente.

Abulón con salsa de ostras

para 4 personas

400 g/14 oz de abulón enlatado

15 ml / 1 cucharada de harina de maíz (almidón de maíz)

15 ml / 1 cucharada de salsa de soja

45 ml / 3 cucharadas de salsa de ostras

30 ml / 2 cucharadas de aceite de maní
50 g de jamón ahumado picado

Colar la lata de abulón y reservar 90 ml/6 cucharadas de líquido. Mézclalo con harina de maíz, salsa de soja y salsa de ostras. Calentar el aceite y sofreír los abulones escurridos durante 1 minuto. Agregue la mezcla de salsa y cocine a fuego lento, revolviendo, durante aproximadamente 1 minuto, hasta que esté completamente caliente. Transfiera a un plato caliente y sirva decorado con jamón.

mejillones ul vapor

para 4 personas

24 mejillones

Frote bien las almejas y luego déjelas en remojo en agua con sal durante unas horas. Enjuague con agua corriente y colóquelo en un plato poco profundo resistente al calor. Colóquelas sobre una rejilla en una vaporera, cubra y cocine al vapor sobre agua hirviendo durante unos 10 minutos, hasta que todas las almejas se hayan abierto. Descartar las que queden cerradas. Servir con salsas.

Mejillones con brotes de soja

para 4 personas

24 mejillones

15 ml / 1 cucharada de aceite de maní

150 g de brotes de soja

1 pimiento verde cortado en tiras

2 chalotes (chalotes), picados

15 ml / 1 cucharada de vino de arroz o jerez seco

sal y pimienta recién molida

2,5 ml / ¬Ω cucharadita de aceite de sésamo

50 g de jamón ahumado picado

Frote bien las almejas y luego déjelas en remojo en agua con sal durante unas horas. Enjuague con agua corriente. Hervir agua en una olla, agregar los mejillones y cocinar a fuego lento unos minutos hasta que se abran. Colar y desechar los que queden cerrados. Retire las almejas de sus conchas.

Calentar el aceite y sofreír los brotes de soja durante 1 minuto. Agrega los pimientos y las cebolletas y sofríe durante 2 minutos. Agrega vino o jerez y sazona con sal y pimienta. Caliente, luego agregue los mejillones y revuelva hasta que estén bien mezclados y calientes. Transfiera a un plato caliente y sirva espolvoreado con aceite de sésamo y jamón.

Mejillones Con Jengibre Y Ajo

para 4 personas

24 mejillones

15 ml / 1 cucharada de aceite de maní

2 rodajas de raíz de jengibre, picadas

2 dientes de ajo machacados

15 ml / 1 cucharada de agua

5 ml / 1 cucharadita de aceite de sésamo

sal y pimienta recién molida

Frote bien las almejas y luego déjelas en remojo en agua con sal durante unas horas. Enjuague con agua corriente. Calentar el aceite y sofreír el jengibre y el ajo durante 30 segundos. Agrega las almejas, el agua y el aceite de sésamo, tapa y cocina durante unos 5 minutos hasta que las almejas se abran. Descartar las que queden cerradas. Sazone ligeramente con sal y pimienta y sirva inmediatamente.

Almejas fritas

para 4 personas

24 mejillones

60 ml / 4 cucharadas de aceite de maní

4 dientes de ajo, picados

1 cebolla picada
2,5 ml / ¬Ω cucharadita de sal

Frote bien las almejas y luego déjelas en remojo en agua con sal durante unas horas. Enjuague con agua corriente y luego seque. Calentar el aceite y sofreír el ajo, la cebolla y la sal hasta que estén tiernos. Agrega los mejillones, tapa y cocina a fuego lento durante unos 5 minutos, hasta que se abran todos los mejillones. Descartar las que queden cerradas. Freír durante 1 minuto más, rociando con aceite.

pasteles de cangrejo

para 4 personas
225 g de brotes de soja
4 cucharadas / 60 ml de aceite de maní 4 oz / 100 g de brotes de bambú, cortados en tiras
1 cebolla picada

8 oz/225 g de carne de cangrejo, desmenuzada
4 huevos, ligeramente batidos
15 ml / 1 cucharada de harina de maíz (almidón de maíz)
30 ml / 2 cucharadas de salsa de soja
sal y pimienta recién molida

Blanquear los brotes de soja en agua hirviendo durante 4 minutos y luego escurrirlos. Calentar la mitad del aceite y sofreír los brotes de soja, los brotes de bambú y la cebolla hasta que estén tiernos. Retirar del fuego y mezclar con el resto de los ingredientes excepto el aceite. Calienta el aceite restante en una sartén limpia y fríe cucharadas de la mezcla de carne de cangrejo para hacer pequeñas hamburguesas. Freír hasta que estén ligeramente dorados por ambos lados y servir inmediatamente.

crema de cangrejo

para 4 personas
225 g / 8 oz de carne de cangrejo
5 huevos batidos
1 cebolleta (chalote), finamente picada
250ml / 8oz / 1 taza de agua

5 ml / 1 cucharadita de sal
5 ml / 1 cucharadita de aceite de sésamo

Mezclar bien todos los ingredientes. Colocar en un bol, tapar y colocar al baño maría sobre agua caliente o sobre una rejilla humeante. Cocine al vapor durante unos 35 minutos hasta que tenga una consistencia similar a la de un pudín, revolviendo ocasionalmente. Servir con arroz.

carne de cangrejo chino

para 4 personas

450 g / 1 lb de hojas de china ralladas
45 ml / 3 cucharadas de aceite vegetal
2 chalotes (chalotes), picados
225 g / 8 oz de carne de cangrejo

15 ml / 1 cucharada de salsa de soja
15 ml / 1 cucharada de vino de arroz o jerez seco
5 ml / 1 cucharadita de sal

Escaldar las hojas chinas en agua hirviendo durante 2 minutos, luego escurrir bien y enjuagar con agua fría. Calentar el aceite y sofreír la cebolla hasta que esté ligeramente dorada. Agrega la carne de cangrejo y sofríe por 2 minutos. Agrega las hojas de china y sofríe durante 4 minutos. Agrega la salsa de soja, el vino o el jerez, la sal y mezcla bien. Agregue el caldo y la maicena, hierva y cocine a fuego lento, revolviendo, durante 2 minutos, hasta que la salsa se adelgace y espese.

Cangrejo Foo Yung con brotes de soja

para 4 personas

6 huevos batidos
45 ml / 3 cucharadas de harina de maíz (almidón de maíz)
225 g / 8 oz de carne de cangrejo
100 g de brotes de soja

2 chalotas (chalotes), finamente picadas
2,5 ml / ½ cucharadita de sal
45 ml / 3 cucharadas de aceite de maní (maní)

Batir los huevos y luego agregar la maicena. Mezclar el resto de los ingredientes aparte del aceite. Calentar el aceite y verter la mezcla en la sartén poco a poco para hacer pequeñas tortitas de unos 7,5 cm de ancho. Freír hasta que estén doradas por el fondo, luego darles la vuelta y dorar por el otro lado.

Cangrejo Con Jengibre

para 4 personas
15 ml / 1 cucharada de aceite de maní
2 rodajas de raíz de jengibre, picadas
4 chalotas (chalotes), picadas
3 dientes de ajo machacados
1 chile rojo, picado

350 g / 12 oz de carne de cangrejo, hojuelas
2,5 ml / ½ cucharadita de pasta de pescado
2,5 ml / ½ cucharadita de aceite de sésamo
15 ml / 1 cucharada de vino de arroz o jerez seco
5 ml / 1 cucharadita de harina de maíz (almidón de maíz)
15 ml / 1 cucharada de agua

Calentar el aceite y sofreír el jengibre, la cebolleta, el ajo y la guindilla durante 2 minutos. Agrega la carne de cangrejo y revuelve hasta que esté bien cubierta con las especias. Agrega la pasta de pescado. Mezcla los ingredientes restantes hasta obtener una pasta, luego mézclalos en la sartén y fríe por 1 minuto. Servir inmediatamente.

Cangrejo Lo Mein

para 4 personas

100 g de brotes de soja
30 ml / 2 cucharadas de aceite de maní
5 ml / 1 cucharadita de sal
1 cebolla picada
100 g de champiñones cortados en rodajas

8 oz/225 g de carne de cangrejo, desmenuzada
100 g/4 oz de brotes de bambú, picados
Pasta al horno
30 ml / 2 cucharadas de salsa de soja
5 ml / 1 cucharadita de azúcar
5 ml / 1 cucharadita de aceite de sésamo
sal y pimienta recién molida

Blanquear los brotes de soja en agua hirviendo durante 5 minutos y luego escurrirlos. Calentar el aceite y sofreír la sal y la cebolla hasta que estén blandas. Añade los champiñones y sofríe hasta que se ablanden. Agrega la carne de cangrejo y sofríe por 2 minutos. Agrega los brotes de soja y los brotes de bambú y sofríe durante 1 minuto. Agrega la pasta escurrida a la sartén y mezcla suavemente. Mezclar la salsa de soja, el azúcar y el aceite de sésamo, sazonar con sal y pimienta. Revuelve la sartén hasta que esté caliente.

Cangrejo Frito Con Cerdo

para 4 personas

30 ml / 2 cucharadas de aceite de maní

100 g de carne de cerdo picada (picada)

350 g / 12 oz de carne de cangrejo, hojuelas

2 rodajas de raíz de jengibre, picadas

2 huevos, ligeramente batidos

15 ml / 1 cucharada de salsa de soja

15 ml / 1 cucharada de vino de arroz o jerez seco

30 ml / 2 cucharadas de agua

sal y pimienta recién molida

4 cebolletas (chalotes), cortadas en tiras

Calentar el aceite y sofreír el cerdo hasta que esté tierno. Agrega la carne de cangrejo y el jengibre y sofríe durante 1 minuto. Agrega los huevos. Agregue salsa de soja, vino o jerez, agua, sal y pimienta y cocine a fuego lento durante unos 4 minutos, revolviendo. Servir decorado con cebollino.

Carne de cangrejo frita

para 4 personas

30 ml / 2 cucharadas de aceite de maní
450 g/1 libra de carne de cangrejo, hojuelas
2 chalotes (chalotes), picados
2 rodajas de raíz de jengibre, picadas
30 ml / 2 cucharadas de salsa de soja
30 ml / 2 cucharadas de vino de arroz o jerez seco
2,5 ml / ½ cucharadita de sal
15 ml / 1 cucharada de harina de maíz (almidón de maíz)
60 ml / 4 cucharadas de agua

Calentar el aceite y sofreír la carne de cangrejo, la cebolleta y el jengibre durante 1 minuto. Agregue salsa de soja, vino o jerez y sal, cubra y cocine a fuego lento durante 3 minutos. Mezcle la harina de maíz y el agua hasta formar una pasta, revuelva en la sartén y cocine, revolviendo, hasta que la salsa se adelgace y espese.

bolas de sepia fritas

para 4 personas

450 g / 1 libra de sepia

50 g / 2 oz de manteca de cerdo triturada

1 clara de huevo

2,5 ml / ¬Ω cucharadita de azúcar

2,5 ml / ¬Ω cucharadita de maicena (maicena)

sal y pimienta recién molida

aceite para freír

Cortar la sepia y triturarla o hacer pulpa con ella. Mezclar con manteca, clara de huevo, azúcar y harina de maíz, sazonar con sal y pimienta. Presione la mezcla en bolitas. Calentar el aceite y sofreír las bolitas de sepia, por tandas si es necesario, hasta que floten en la superficie del aceite y estén doradas. Escurrir bien y servir inmediatamente.

langosta En cantonés

para 4 personas

2 langostas
30 ml / 2 cucharadas de aceite
15 ml / 1 cucharada de salsa de frijoles negros
1 diente de ajo machacado
1 cebolla picada
225 g de carne de cerdo picada (picada)
45 ml / 3 cucharadas de salsa de soja
5 ml / 1 cucharadita de azúcar
sal y pimienta recién molida
15 ml / 1 cucharada de harina de maíz (almidón de maíz)
75 ml / 5 cucharadas de agua
1 huevo batido

Abrir las langostas, quitarles la carne y cortarlas en cubos de 2,5 cm. Calentar el aceite y sofreír la salsa de frijoles negros, el ajo y la cebolla hasta que estén ligeramente dorados. Agrega la carne de cerdo y fríe hasta que se dore. Agregue la salsa de soja, el azúcar, la sal, la pimienta y la langosta, cubra y cocine a fuego lento durante unos 10 minutos. Mezcle la harina de maíz y el agua hasta formar una pasta, revuelva en la sartén y cocine, revolviendo, hasta que la salsa se adelgace y espese. Apagar el fuego y añadir el huevo antes de servir.

langosta frita

para 4 personas

450 g / 1 libra de carne de langosta
30 ml / 2 cucharadas de salsa de soja
5 ml / 1 cucharadita de azúcar
1 huevo batido
30 ml / 3 cucharadas de harina de trigo (para todo uso)
aceite para freír

Cortar la carne de langosta en cubos de 2,5 cm / 1 y mezclar con salsa de soja y azúcar. Reservar durante 15 minutos y luego colar. Batir el huevo y la harina, luego agregar la langosta y mezclar bien para cubrir. Calentar el aceite y sofreír el bogavante hasta que esté dorado. Escurrir sobre papel de cocina antes de servir.

Langosta al vapor con jamón

para 4 personas

4 huevos, ligeramente batidos
60 ml / 4 cucharadas de agua
5 ml / 1 cucharadita de sal
15 ml / 1 cucharada de salsa de soja
450 g / 1 lb de carne de langosta, hojuelas
15 ml / 1 cucharada de jamón ahumado picado
15 ml / 1 cucharada de perejil fresco picado

Batir los huevos con agua, sal y salsa de soja. Verter en un recipiente ignífugo y espolvorear sobre la carne de bogavante. Coloque el recipiente sobre una rejilla en la vaporera, cubra y cocine al vapor durante 20 minutos hasta que los huevos estén cuajados. Servir decorado con jamón y perejil.

Langosta Con Champiñones

para 4 personas

450 g / 1 libra de carne de langosta

15 ml / 1 cucharada de harina de maíz (almidón de maíz)

60 ml / 4 cucharadas de agua

30 ml / 2 cucharadas de aceite de maní

4 cebolletas (chalotes), picadas en trozos grandes

100 g de champiñones cortados en rodajas

2,5 ml / ½ cucharadita de sal

1 diente de ajo machacado

30 ml / 2 cucharadas de salsa de soja

15 ml / 1 cucharada de vino de arroz o jerez seco

Cortar la carne de bogavante en dados de 2,5 cm. Mezcle la maicena y el agua hasta obtener una pasta y agregue los cubos de langosta a la mezcla para cubrirlos. Calentar la mitad del aceite y sofreír los dados de bogavante hasta que estén ligeramente dorados, retirarlos de la sartén. Calentar el aceite restante y sofreír la cebolla hasta que esté ligeramente dorada. Agrega los champiñones y sofríe durante 3 minutos. Agrega sal, ajo, salsa de soja y vino o jerez y cocina por 2 minutos. Vuelva a colocar la langosta en la sartén y cocine hasta que esté completamente caliente.

Colas de langosta con cerdo

para 4 personas

3 champiñones chinos secos
4 colas de langosta
60 ml / 4 cucharadas de aceite de maní
100 g de carne de cerdo picada (picada)
50 g de castañas de agua, finamente picadas
sal y pimienta recién molida
2 dientes de ajo machacados
45 ml / 3 cucharadas de salsa de soja
30 ml / 2 cucharadas de vino de arroz o jerez seco
30 ml / 2 cucharadas de salsa de frijoles negros
10 ml / 2 cucharadas de harina de maíz (almidón de maíz)
120 ml / 4 fl oz / ¬Ω taza de agua

Remojar los champiñones en agua tibia durante 30 minutos y luego escurrirlos. Deseche los tallos y pique la parte superior. Corta las colas de langosta por la mitad a lo largo. Retire la carne de las colas de langosta, reservando las cáscaras. Calentar la mitad del aceite y sofreír el cerdo hasta que tenga un color claro. Retire del fuego y agregue los champiñones, la carne de langosta, las castañas de agua, la sal y la pimienta. Presione la carne nuevamente dentro del caparazón de la langosta y colóquela en la bandeja para hornear. Colóquelo sobre una rejilla en una vaporera, cubra y cocine al vapor durante unos 20 minutos hasta que esté bien cocido. Mientras tanto, calentar el aceite restante y sofreír el ajo, la salsa de soja, el vino o jerez y la salsa de frijoles negros durante 2 minutos. Mezcla la maicena y el agua hasta obtener una pasta, viértela en la sartén y cocina, revolviendo, hasta que la salsa espese. Coloca la langosta en un plato caliente, vierte la salsa encima y sirve inmediatamente.

langosta frita

para 4 personas

450 g/1 libra de colas de langosta

30 ml / 2 cucharadas de aceite de maní

1 diente de ajo machacado

2,5 ml / ¬Ω cucharadita de sal

350 g de brotes de soja

50 g / 2 oz de champiñones

4 cebolletas (chalotes), picadas en trozos grandes

150 ml / ¬° pt / generosa ¬Ω taza de caldo de pollo

15 ml / 1 cucharada de harina de maíz (almidón de maíz)

Hervir una olla con agua, agregar las colas de langosta y cocinar por 1 minuto. Escurrir, enfriar, pelar y cortar en rodajas gruesas. Calentar el aceite con el ajo y la sal y sofreír hasta que los ajos estén ligeramente dorados. Añade el bogavante y sofríe durante 1 minuto. Agrega los brotes de soja y los champiñones y sofríe durante 1 minuto. Agrega cebollino. Agrega la mayor parte del caldo, lleva a ebullición, tapa y cocina por 3 minutos. Mezclar la maicena con el caldo restante, verter en la sartén y cocinar a fuego lento, revolviendo, hasta que la salsa se adelgace y espese.

nidos de langosta

para 4 personas

30 ml / 2 cucharadas de aceite de maní
5 ml / 1 cucharadita de sal
1 cebolla, en rodajas finas
100 g de champiñones cortados en rodajas
4 oz/100 g de brotes de bambú, en rodajas 8 oz/225 g de carne de langosta cocida
15 ml / 1 cucharada de vino de arroz o jerez seco
120 ml / 4 fl oz / ¬Ω taza de caldo de pollo

una pizca de pimienta recién molida

10 ml / 2 cucharaditas de harina de maíz (almidón de maíz)

15 ml / 1 cucharada de agua

4 cestas de pasta

Calentar el aceite y sofreír la sal y la cebolla hasta que estén blandas. Añade las setas y los brotes de bambú y sofríe durante 2 minutos. Agrega la carne de bogavante, el vino o jerez y el caldo, lleva a ebullición, tapa y cocina por 2 minutos. Sazone con pimienta. Mezcle la harina de maíz y el agua hasta formar una pasta, revuelva en la sartén y cocine, revolviendo, hasta que la salsa espese. Coloque los nidos de pasta en un plato para servir caliente y cubra con la langosta frita.

Mejillones en salsa de judías negras

para 4 personas

45 ml / 3 cucharadas de aceite de maní (maní)

2 dientes de ajo machacados

2 rodajas de raíz de jengibre, picadas

30 ml / 2 cucharadas de salsa de frijoles negros

15 ml / 1 cucharada de salsa de soja

1,5 kg de mejillones lavados y barbudos

2 chalotes (chalotes), picados

Calentar el aceite y sofreír el ajo y el jengibre durante 30 segundos. Agrega la salsa de frijoles negros y la salsa de soja y fríe durante 10 segundos. Añade los mejillones, tapa y cocina durante unos 6 minutos hasta que se abran los mejillones. Descartar las que queden cerradas. Transfiera a un plato caliente y sirva espolvoreado con cebollino.

Mejillones Con Jengibre

para 4 personas

45 ml / 3 cucharadas de aceite de maní (maní)

2 dientes de ajo machacados

4 rodajas de raíz de jengibre, picadas

1,5 kg de mejillones lavados y barbudos

45 ml / 3 cucharadas de agua

15 ml / 1 cucharada de salsa de ostras

Calentar el aceite y sofreír el ajo y el jengibre durante 30 segundos. Agrega los mejillones y el agua, tapa y cocina por unos 6 minutos, hasta que los mejillones se abran. Descartar las que queden cerradas. Transfiera a un plato caliente y sirva con salsa de ostras.

Mejillones al vapor

para 4 personas

1,5 kg de mejillones lavados y barbudos
45 ml / 3 cucharadas de salsa de soja
3 cebolletas (chalotes), finamente picadas

Coloca las almejas sobre una rejilla en la vaporera, tapa y cocina al vapor sobre agua hirviendo durante unos 10 minutos, hasta que todas las almejas se hayan abierto. Descartar las que queden cerradas. Transfiera a un plato caliente y sirva espolvoreado con salsa de soja y cebolla.

ostras fritas

para 4 personas

24 ostras con concha

sal y pimienta recién molida

1 huevo batido

50 g / 2 oz / ¬Ω taza de harina de trigo (para todo uso)

250ml / 8oz / 1 taza de agua

aceite para freír

4 chalotas (chalotes), picadas

Espolvorea las ostras con sal y pimienta. Batir el huevo con la harina y el agua hasta formar una masa y cubrir con él las ostras. Calentar el aceite y sofreír las ostras hasta que estén doradas. Escurrir sobre papel de cocina y servir decorado con cebollino.

ostras con tocino

para 4 personas

175 g de tocino

24 ostras con concha

1 huevo, ligeramente batido

15 ml / 1 cucharada de agua

45 ml / 3 cucharadas de aceite de maní (maní)

2 cebollas picadas

15 ml / 1 cucharada de harina de maíz (almidón de maíz)

15 ml / 1 cucharada de salsa de soja

90 ml / 6 cucharadas de caldo de pollo

Corta el tocino en trozos y envuelve un trozo alrededor de cada ostra. Batir el huevo y el agua, luego sumergirlo en las ostras para cubrirlo. Calentar la mitad del aceite y sofreír las ostras hasta que estén ligeramente doradas por ambos lados, luego retirar de la sartén y escurrir la grasa. Calentar el aceite restante y sofreír la cebolla hasta que esté blanda. Mezcle la harina de maíz, la salsa de soja y el caldo hasta formar una pasta, vierta en la sartén y cocine, revolviendo, hasta que la salsa se adelgace y espese. Vierta sobre las ostras y sirva inmediatamente.

Ostras Fritas Con Jengibre

para 4 personas

24 ostras con concha

2 rodajas de raíz de jengibre, picadas

30 ml / 2 cucharadas de salsa de soja

15 ml / 1 cucharada de vino de arroz o jerez seco

4 cebolletas (chalotes), cortadas en tiras

100 g de tocino

1 huevo

50 g / 2 oz / ¬Ω taza de harina de trigo (para todo uso)

sal y pimienta recién molida

aceite para freír

1 limón cortado en gajos

Coloque las ostras en un bol con el jengibre, la salsa de soja y el vino o jerez y revuelva para cubrir. Dejar reposar 30 minutos. Coloca unas tiras de cebollino encima de cada ostra. Corta el tocino en trozos y envuelve un trozo alrededor de cada ostra. Batir el huevo y la harina hasta obtener una masa uniforme, sazonar con sal y pimienta. Sumerge las ostras en la masa hasta que estén bien cubiertas. Calentar el aceite y sofreír las ostras hasta que estén doradas. Servir decorado con gajos de limón.

Ostras con salsa de frijoles negros

para 4 personas

350 g / 12 oz de ostras con cáscara
120 ml / 4 fl oz / ¬Ω taza de aceite de maní
2 dientes de ajo machacados
3 cebolletas (chalotes), en rodajas
15 ml / 1 cucharada de salsa de frijoles negros
30 ml / 2 cucharadas de salsa de soja oscura
15 ml / 1 cucharada de aceite de sésamo
una pizca de chile en polvo

Blanquear las ostras en agua hirviendo durante 30 segundos y luego escurrirlas. Calentar el aceite y sofreír los ajos y las cebolletas durante 30 segundos. Agrega la salsa de frijoles negros, la salsa de soja, el aceite de sésamo y las ostras y sazona con chile en polvo al gusto. Freír hasta que esté caliente y servir inmediatamente.

Vieiras con brotes de bambú

para 4 personas

60 ml / 4 cucharadas de aceite de maní
6 cebolletas (chalotes), picadas
225 g / 8 oz de champiñones, en cuartos
15 ml / 1 cucharada de azúcar
450 g / 1 libra de vieiras con cáscara
2 rodajas de raíz de jengibre, picadas
225 g / 8 oz de brotes de bambú, rebanados
sal y pimienta recién molida
300 ml / ¬Ω pt / 1 ¬º vaso de agua
30 ml / 2 cucharadas de vinagre de vino
30 ml / 2 cucharadas de harina de maíz (almidón de maíz)
150 ml / ¬º pt / generosa ¬Ω taza de agua
45 ml / 3 cucharadas de salsa de soja

Calentar el aceite y sofreír las cebolletas y los champiñones durante 2 minutos. Agrega el azúcar, las vieiras, el jengibre, los brotes de bambú, la sal y la pimienta, tapa y cocina por 5 minutos. Agrega agua y vinagre de vino, lleva a ebullición, tapa y cocina por 5 minutos. Mezcle la harina de maíz y el agua hasta formar una pasta, revuelva en la sartén y cocine, revolviendo, hasta que la salsa espese. Sazone con salsa de soja y sirva.

Vieiras Con Huevo

para 4 personas

45 ml / 3 cucharadas de aceite de maní (maní)

350 g/12 oz de vieiras con concha

25 g / 1 oz de jamón ahumado picado

30 ml / 2 cucharadas de vino de arroz o jerez seco

5 ml / 1 cucharadita de azúcar

2,5 ml / ½ cucharadita de sal

una pizca de pimienta recién molida

2 huevos, ligeramente batidos

15 ml / 1 cucharada de salsa de soja

Calentar el aceite y sofreír las vieiras durante 30 segundos. Agrega el jamón y sofríe por 1 minuto. Agrega el vino o jerez, el azúcar, la sal y la pimienta y cocina por 1 minuto. Agrega los huevos y mezcla suavemente a fuego alto hasta que los ingredientes estén bien cubiertos con el huevo. Servir con salsa de soja.

Vieiras Con Brócoli

para 4 personas

350 g/12 oz de vieiras, en rodajas

3 rodajas de raíz de jengibre, picadas

½ zanahoria pequeña, en rodajas

1 diente de ajo machacado

45 ml / 3 cucharadas de harina de trigo (para todo uso)

2,5 ml / ½ cucharadita de bicarbonato de sodio (bicarbonato de sodio)

30 ml / 2 cucharadas de aceite de maní

15 ml / 1 cucharada de agua

1 plátano en rodajas

aceite para freír

275 g/10 oz de brócoli

sal

5 ml / 1 cucharadita de aceite de sésamo

2,5 ml / ½ cucharadita de salsa picante

2,5 ml / ½ cucharadita de vinagre de vino

2,5 ml / ½ cucharadita de puré de tomate (pasta)

Mezclar las vieiras con el jengibre, la zanahoria y el ajo y reservar. Mezclar harina, bicarbonato de sodio, 15 ml / 1 cucharada de aceite y agua hasta formar una pasta y esparcir sobre las rodajas de plátano. Calentar el aceite y freír los plátanos hasta que estén dorados, luego escurrirlos y colocarlos alrededor del plato caliente. Mientras tanto, cocine el brócoli en agua hirviendo con sal hasta que esté suave y luego escúrralo. Calentar el aceite restante con aceite de sésamo y sofreír brevemente el brócoli, luego colocarlos alrededor del plato con los plátanos. Agrega la salsa de chile, el vinagre de vino y el puré de tomate a la sartén y fríe las vieiras hasta que estén bien cocidas. Vierta en una fuente para servir y sirva inmediatamente.

Vieiras Con Jengibre

para 4 personas

45 ml / 3 cucharadas de aceite de maní (maní)
2,5 ml / ¬Ω cucharadita de sal
3 rodajas de raíz de jengibre, picadas
2 cebolletas (chalotes), picadas en trozos grandes
450 g de vieiras sin cáscara, cortadas por la mitad
15 ml / 1 cucharada de harina de maíz (almidón de maíz)
60 ml / 4 cucharadas de agua

Calentar el aceite y sofreír la sal y el jengibre durante 30 segundos. Agrega las cebolletas y sofríe hasta que estén ligeramente doradas. Agrega las vieiras y sofríe durante 3 minutos. Mezcle la harina de maíz y el agua hasta formar una pasta, agréguela a la sartén y cocine a fuego lento, revolviendo, hasta que espese. Servir inmediatamente.

Vieiras Con Jamón

para 4 personas

450 g de vieiras sin cáscara, cortadas por la mitad
250 ml / 8 fl oz / 1 taza de vino de arroz o jerez seco
1 cebolla finamente picada
2 rodajas de raíz de jengibre, picadas
2,5 ml / ¬Ω cucharadita de sal
100 g de jamón ahumado picado

Coloca las vieiras en un bol y añade el vino o jerez. Cubra y deje marinar durante 30 minutos, volteando ocasionalmente, luego escurra las vieiras y deseche la marinada. Coloca las vieiras en una fuente apta para horno con el resto de ingredientes. Coloque el plato sobre una rejilla en la vaporera, cubra y cocine al vapor sobre agua hirviendo durante unos 6 minutos, hasta que las vieiras estén tiernas.

Huevos revueltos con vieiras a las finas hierbas

para 4 personas

225 g / 8 oz de vieiras con concha
30 ml / 2 cucharadas de cilantro fresco picado
4 huevos batidos
15 ml / 1 cucharada de vino de arroz o jerez seco
sal y pimienta recién molida
15 ml / 1 cucharada de aceite de maní

Coloque las vieiras en la vaporera y cocine al vapor durante unos 3 minutos hasta que estén bien cocidas, dependiendo del tamaño. Retirar de la vaporera y espolvorear con cilantro. Batir los huevos con el vino o jerez y sazonar con sal y pimienta. Agrega las vieiras y el cilantro. Calentar el aceite y sofreír la mezcla de huevo y vieiras, revolviendo constantemente, hasta que los huevos estén cuajados. Servir inmediatamente.

Vieira y cebolla braseadas

para 4 personas

45 ml / 3 cucharadas de aceite de maní (maní)
1 cebolla picada
450 g / 1 libra de vieiras sin cáscara, cortadas en cuartos
sal y pimienta recién molida
15 ml / 1 cucharada de vino de arroz o jerez seco

Calentar el aceite y sofreír la cebolla hasta que esté transparente. Añade las vieiras y sofríe hasta que estén ligeramente doradas. Sazone con sal y pimienta, rocíe con vino o jerez y sirva inmediatamente.

Vieiras Con Verduras

por 4'6

4 champiñones chinos secos
2 cebollas
30 ml / 2 cucharadas de aceite de maní
3 tallos de apio, cortados en diagonal
8 oz/225 g de judías verdes, cortadas en diagonal
10 ml / 2 cucharaditas de raíz de jengibre rallada
1 diente de ajo machacado
20 ml / 4 cucharaditas de harina de maíz (almidón de maíz)
250 ml / 8 oz / 1 taza de caldo de pollo
30 ml / 2 cucharadas de vino de arroz o jerez seco
30 ml / 2 cucharadas de salsa de soja
450 g / 1 libra de vieiras sin cáscara, cortadas en cuartos
6 cebolletas (chalotes), en rodajas
425 g / 15 oz de mazorcas de maíz enlatadas

Remojar los champiñones en agua tibia durante 30 minutos y luego escurrirlos. Deseche los tallos y corte la parte superior. Corta las cebollas en octavos y separa las capas. Calentar el aceite y sofreír la cebolla, el apio, los frijoles, el jengibre y el ajo durante 3 minutos. Mezcle la maicena con un poco de caldo, luego agregue el caldo restante, el vino o jerez y la salsa de soja.

Agregue al wok y deje hervir, revolviendo. Agrega los champiñones, las vieiras, las chalotas y el maíz y cocina durante unos 5 minutos hasta que las vieiras estén tiernas.

Vieiras Con Pimientos

para 4 personas

30 ml / 2 cucharadas de aceite de maní

3 chalotas (chalotes), picadas

1 diente de ajo machacado

2 rodajas de raíz de jengibre, picadas

2 pimientos rojos cortados en cubos

450 g / 1 libra de vieiras con cáscara

30 ml / 2 cucharadas de vino de arroz o jerez seco

15 ml / 1 cucharada de salsa de soja

15 ml / 1 cucharada de salsa de frijol amarillo

5 ml / 1 cucharadita de azúcar

5 ml / 1 cucharadita de aceite de sésamo

Calentar el aceite y sofreír la cebolleta, el ajo y el jengibre durante 30 segundos. Agrega los pimientos y sofríe por 1 minuto. Agrega las vieiras y fríe durante 30 segundos, luego agrega los ingredientes restantes y cocina por unos 3 minutos, hasta que las vieiras estén tiernas.

Calamares con brotes de soja

para 4 personas

450 g / 1 libra de calamares

30 ml / 2 cucharadas de aceite de maní

15 ml / 1 cucharada de vino de arroz o jerez seco

100 g de brotes de soja

15 ml / 1 cucharada de salsa de soja

sal

1 chile rojo, rallado

2 rodajas de raíz de jengibre rallada

2 chalotas (chalotes), ralladas

Quitar la cabeza, las tripas y las membranas a los calamares y cortarlos en trozos grandes. Recorta un patrón cruzado en cada pieza. Hervir agua en una olla, agregar los calamares y cocinar a fuego lento hasta que los trozos se enrollen, retirar y escurrir. Calentar la mitad del aceite y sofreír rápidamente los calamares. Vierta vino o jerez encima. Mientras tanto, calentar el aceite restante y sofreír los brotes de soja hasta que estén tiernos. Sazone con salsa de soja y sal. Coloque el chile, el jengibre y las cebolletas alrededor de un plato para servir. Coloca los brotes de soja en el centro y decora con los calamares. Servir inmediatamente.

calamar frito

para 4 personas

50 g / 2 oz de harina de trigo (para todo uso)

25 g / 1 oz / ¬° taza de maicena (maicena)

2,5 ml / ¬Ω cucharadita de levadura en polvo

2,5 ml / ¬Ω cucharadita de sal

1 huevo

75 ml / 5 cucharadas de agua

15 ml / 1 cucharada de aceite de maní

450 g de calamares cortados en aros

aceite para freír

Mezclar harina, maicena, levadura en polvo, sal, huevo, agua y aceite para hacer una masa. Sumerge los calamares en la masa hasta que estén bien cubiertos. Calentar el aceite y sofreír los calamares de a pocos hasta que estén dorados. Escurrir sobre papel de cocina antes de servir.

paquetes de calamares

para 4 personas

8 champiñones chinos secos
450 g / 1 libra de calamares
100 g de jamón ahumado
100 gramos de tofu
1 huevo batido
15 ml / 1 cucharada de harina de trigo (para todo uso)
2,5 ml / ½ cucharadita de azúcar
2,5 ml / ½ cucharadita de aceite de sésamo
sal y pimienta recién molida
8 pieles de wonton
aceite para freír

Remojar los champiñones en agua tibia durante 30 minutos y luego escurrirlos. Deseche los tallos. Pelar los calamares y cortarlos en 8 trozos. Corta el jamón y el tofu en 8 trozos. Colócalos todos en un bol. Mezclar el huevo con la harina, el azúcar, el aceite de sésamo, la sal y la pimienta. Vierta los ingredientes en un bol y mezcle suavemente. Coloque una tapa de champiñones y un trozo de calamar, jamón y tofu justo debajo del centro de cada piel de wonton. Dobla la esquina inferior, dobla los lados y luego enrolla, humedeciendo los bordes con agua para sellar. Calentar el aceite y sofreír los grumos durante unos 8 minutos hasta que estén dorados. Escurrir bien antes de servir.

rollitos de calamar frito

para 4 personas

45 ml / 3 cucharadas de aceite de maní (maní)

225 g / 8 oz de anillas de calamar

1 pimiento verde grande, cortado en trozos

100 g/4 oz de brotes de bambú, picados

2 chalotas (chalotes), finamente picadas

1 rodaja de raíz de jengibre, finamente picada

45 ml / 2 cucharadas de salsa de soja

30 ml / 2 cucharadas de vino de arroz o jerez seco

15 ml / 1 cucharada de harina de maíz (almidón de maíz)

15 ml / 1 cucharada de caldo de pescado o agua

5 ml / 1 cucharadita de azúcar

5 ml / 1 cucharadita de vinagre de vino

5 ml / 1 cucharadita de aceite de sésamo

sal y pimienta recién molida

Calentar 15 ml / 1 cucharada de aceite y sofreír rápidamente los calamares hasta que estén bien dorados. Mientras tanto, calentar el aceite restante en una sartén aparte y sofreír los pimientos, los brotes de bambú, las cebolletas y el jengibre durante 2 minutos. Agrega los calamares y sofríe durante 1 minuto. Agrega la salsa de soja, el vino o jerez, la maicena, el caldo, el azúcar, el vinagre de vino y el aceite de sésamo, sazona con sal y pimienta. Freír hasta que la salsa se aclare y espese.

calmantes fritos

para 4 personas

45 ml / 3 cucharadas de aceite de maní (maní)
3 cebolletas (chalotes), picadas en trozos grandes
2 rodajas de raíz de jengibre, picadas
450 g de calamares cortados en trozos
15 ml / 1 cucharada de salsa de soja
15 ml / 1 cucharada de vino de arroz o jerez seco
5 ml / 1 cucharadita de harina de maíz (almidón de maíz)
15 ml / 1 cucharada de agua

Calentar el aceite y sofreír el cebollino y el jengibre hasta que estén tiernos. Agrega los calamares y sofríe hasta cubrir con aceite. Agregue la salsa de soja y el vino o jerez, cubra y cocine a fuego lento durante 2 minutos. Mezclar la maicena y el agua hasta formar una pasta, agregar a la olla y cocinar a fuego lento, revolviendo hasta que la salsa espese y los calamares estén suaves.

Calamares Con Champiñones Secos

para 4 personas

50 g de champiñones chinos secos
450 g / 1 libra de anillas de calamar
45 ml / 3 cucharadas de aceite de maní (maní)
45 ml / 3 cucharadas de salsa de soja
2 chalotas (chalotes), finamente picadas
1 rodaja de raíz de jengibre, picada
225 g / 8 oz de brotes de bambú, cortados en tiras
30 ml / 2 cucharadas de harina de maíz (almidón de maíz)
150 ml / ¬° pt / generosa ¬Ω taza de caldo de pescado

Remojar los champiñones en agua tibia durante 30 minutos y luego escurrirlos. Deseche los tallos y corte la parte superior. Escaldamos los calamares durante unos segundos en agua hirviendo. Calentar el aceite, añadir los champiñones, la salsa de soja, la cebolleta y el jengibre y sofreír durante 2 minutos. Agrega los calamares y los brotes de bambú y sofríe durante 2 minutos. Mezcle la maicena y el caldo y revuelva en la sartén.

Cocine a fuego lento, revolviendo, hasta que la salsa se adelgace y espese.

Calamares Con Verduras

para 4 personas

45 ml / 3 cucharadas de aceite de maní (maní)

1 cebolla picada

5 ml / 1 cucharadita de sal

450 g de calamares cortados en trozos

100 g/4 oz de brotes de bambú, picados

2 tallos de apio, cortados en diagonal

60 ml / 4 cucharadas de caldo de pollo

5 ml / 1 cucharadita de azúcar

100 g de guisantes

5 ml / 1 cucharadita de harina de maíz (almidón de maíz)

15 ml / 1 cucharada de agua

Calentar el aceite y sofreír la cebolla y la sal hasta que se dore ligeramente. Agrega los calamares y sofríe hasta que estén bañados en aceite. Agrega los brotes de bambú y el apio y sofríe durante 3 minutos. Agrega el caldo y el azúcar, lleva a ebullición, tapa y cocina a fuego lento durante 3 minutos hasta que las verduras estén blandas. Agregue tirabeques. Mezcle la harina de maíz y el agua hasta formar una pasta, revuelva en la sartén y cocine, revolviendo, hasta que la salsa espese.

Ternera estofada con anís

para 4 personas

30 ml / 2 cucharadas de aceite de maní

450 g / 1 libra de solomillo

1 diente de ajo machacado

45 ml / 3 cucharadas de salsa de soja

15 ml / 1 cucharada de agua

15 ml / 1 cucharada de vino de arroz o jerez seco

5 ml / 1 cucharadita de sal

5 ml / 1 cucharadita de azúcar

2 dientes de anís estrellado

Calentar el aceite y freír la carne hasta que se dore por todos lados. Agregue los ingredientes restantes, lleve a ebullición, cubra y cocine a fuego lento durante unos 45 minutos, luego dé la vuelta a la carne, agregue un poco más de agua y salsa de soja si la carne se está secando. Cocine a fuego lento durante otros 45 minutos hasta que la carne esté tierna. Deseche el anís estrellado antes de servir.

Ternera Con Espárragos

para 4 personas

450 g / 1 libra de solomillo cortado en cubitos
30 ml / 2 cucharadas de salsa de soja
30 ml / 2 cucharadas de vino de arroz o jerez seco
45 ml / 3 cucharadas de harina de maíz (almidón de maíz)
45 ml / 3 cucharadas de aceite de maní (maní)
5 ml / 1 cucharadita de sal
1 diente de ajo machacado
350 g de puntas de espárragos
120 ml / 4 fl oz / ¬Ω taza de caldo de pollo
15 ml / 1 cucharada de salsa de soja

Coloca el bistec en un bol. Mezcle salsa de soja, vino o jerez y 30 ml/2 cucharadas de maicena, vierta sobre el filete y mezcle bien. Macerar durante 30 minutos. Calentar el aceite con sal y ajo y sofreír hasta que los ajos estén ligeramente dorados. Agrega la carne y la marinada y sofríe durante 4 minutos. Añade los espárragos y sofríe a fuego lento durante 2 minutos. Agrega el caldo y la salsa de soja, deja hervir y cocina a fuego lento, revolviendo, durante 3 minutos hasta que la carne esté cocida. Mezclar la maicena restante con un poco de agua o caldo y mezclar con la salsa. Cocine a fuego lento, revolviendo, durante unos minutos hasta que la salsa se adelgace y espese.

Carne De Res Con Brotes De Bambú

para 4 personas

45 ml / 3 cucharadas de aceite de maní (maní)

1 diente de ajo machacado

1 cebolleta (chalote), picada

1 rodaja de raíz de jengibre, picada

225 g de carne magra de ternera cortada en tiras

100 g/4 oz de brotes de bambú

45 ml / 3 cucharadas de salsa de soja

15 ml / 1 cucharada de vino de arroz o jerez seco

5 ml / 1 cucharadita de harina de maíz (almidón de maíz)

Calentar el aceite y sofreír el ajo, la cebolleta y el jengibre hasta que estén ligeramente dorados. Agrega la carne y sofríe durante 4 minutos hasta que esté ligeramente dorada. Agrega los brotes de bambú y sofríe durante 3 minutos. Agrega la salsa de soja, el vino o jerez y la maicena y cocina por 4 minutos.

Ternera con brotes de bambú y setas

para 4 personas

225 g / 8 oz de carne magra
45 ml / 3 cucharadas de aceite de maní (maní)
1 rodaja de raíz de jengibre, picada
100 g/4 oz de brotes de bambú, picados
100 g de champiñones cortados en rodajas
45 ml / 3 cucharadas de vino de arroz o jerez seco
5 ml / 1 cucharadita de azúcar
10 ml / 2 cucharaditas de salsa de soja
sal y pimienta
120 ml / 4 fl oz / ¬Ω taza de caldo de res
15 ml / 1 cucharada de harina de maíz (almidón de maíz)
30 ml / 2 cucharadas de agua

Cortar la carne en rodajas finas contra las fibras. Calentar el aceite y sofreír el jengibre unos segundos. Agrega la carne y sofríe hasta que se dore. Agrega los brotes de bambú y los champiñones y sofríe durante 1 minuto. Agrega vino o jerez, azúcar y salsa de soja, sazona con sal y pimienta. Agrega el caldo, lleva a ebullición, tapa y cocina por 3 minutos. Mezcla la maicena y el agua, vierte en la olla y cocina, revolviendo, hasta que la salsa espese.

Carne De Res Estofada China

para 4 personas

45 ml / 3 cucharadas de aceite de maní (maní)
900 g / 2 libras de bife de costilla
1 cebolla tierna (chalote), en rodajas
1 diente de ajo picado
1 rodaja de raíz de jengibre, picada
60 ml / 4 cucharadas de salsa de soja
30 ml / 2 cucharadas de vino de arroz o jerez seco
5 ml / 1 cucharadita de azúcar
5 ml / 1 cucharadita de sal
una pizca de pimienta
750 ml / 1 cucharada / 3 tazas de agua hirviendo

Calentar el aceite y sofreír rápidamente la carne por todos lados. Agregue cebolletas, ajo, jengibre, salsa de soja, vino o jerez, azúcar, sal y pimienta. Llevar a ebullición mientras revuelve. Agregue agua hirviendo, vuelva a hervir, revolviendo, luego cubra y cocine a fuego lento durante aproximadamente 2 horas, hasta que la carne esté tierna.

Ternera Con Brotes De Soja

para 4 personas

450 g / 1 libra de carne magra, en rodajas

1 clara de huevo

30 ml / 2 cucharadas de aceite de maní

15 ml / 1 cucharada de harina de maíz (almidón de maíz)

15 ml / 1 cucharada de salsa de soja

100 g de brotes de soja

25 g/1 oz de chucrut, rallado

1 chile rojo, rallado

2 chalotas (chalotes), ralladas

2 rodajas de raíz de jengibre rallada

sal

5 ml / 1 cucharadita de salsa de ostras

5 ml / 1 cucharadita de aceite de sésamo

Mezclar la carne con la proteína, la mitad del aceite, la harina de maíz y la salsa de soja y reservar por 30 minutos. Blanquear los brotes de soja en agua hirviendo durante unos 8 minutos hasta que estén casi blandos y luego escurrirlos. Calentar el aceite restante y freír la carne hasta que esté ligeramente dorada, luego retirar de la sartén. Agrega el chucrut, la guindilla, el jengibre, la sal, la salsa de ostras y el aceite de sésamo y sofríe durante 2 minutos. Agrega los brotes de soja y sofríe durante 2 minutos. Regrese la carne a la sartén y cocine hasta que esté bien mezclada y caliente. Servir inmediatamente.

Ternera con brócoli

para 4 personas

450 g / 1 libra de solomillo, cortado en rodajas finas
30 ml / 2 cucharadas de harina de maíz (almidón de maíz)
15 ml / 1 cucharada de vino de arroz o jerez seco
15 ml / 1 cucharada de salsa de soja
30 ml / 2 cucharadas de aceite de maní
5 ml / 1 cucharadita de sal
1 diente de ajo machacado
225 g / 8 oz de floretes de brócoli
150 ml / ¬° pt / generosa ¬Ω taza de caldo de res

Coloca el bistec en un bol. Mezclar 15 ml / 1 cucharada de harina de maíz con vino o jerez y salsa de soja, agregar a la carne y dejar marinar por 30 minutos. Calentar el aceite con sal y ajo y sofreír hasta que los ajos estén ligeramente dorados. Agregue el bistec y la marinada y cocine por 4 minutos. Agrega el brócoli y sofríe por 3 minutos. Agrega el caldo, deja hervir, tapa y cocina a fuego lento durante 5 minutos hasta que el brócoli esté tierno pero aún crujiente. Mezclar el resto de la harina de maíz con un poco de agua y agregar a la salsa. Cocine a fuego lento, revolviendo, hasta que la salsa se adelgace y espese.

Ternera con semillas de sésamo y brócoli

para 4 personas

150 g de carne magra de ternera cortada en rodajas finas
2,5 ml / ¬Ω cucharadita de salsa de ostras
5 ml / 1 cucharadita de harina de maíz (almidón de maíz)
5 ml / 1 cucharadita de vinagre de vino blanco
60 ml / 4 cucharadas de aceite de maní
100 g / 4 oz de floretes de brócoli
5 ml / 1 cucharadita de salsa de pescado
2,5 ml / ¬Ω cucharadita de salsa de soja
250 ml / 8 oz / 1 taza de caldo de res

30 ml / 2 cucharadas de sésamo

Marinar la carne en salsa de ostras, 2,5 ml/½ cucharadita de harina de maíz, 2,5 ml/½ cucharadita de vinagre de vino y 15 ml/1 cucharada de aceite durante 1 hora.

Mientras tanto, calentar 15 ml / 1 cucharada de aceite, añadir el brócoli, 2,5 ml / ½ cucharadita de salsa de pescado, la salsa de soja y el vinagre de vino restante y verter agua hirviendo. Cocine a fuego lento durante unos 10 minutos hasta que estén tiernos.

Calentar 30 ml / 2 cucharadas de aceite en una sartén aparte y sofreír la carne brevemente hasta que se dore. Añade el caldo, el resto de la maicena y la salsa de pescado, deja hervir, tapa y cocina a fuego lento durante unos 10 minutos hasta que la carne esté tierna. Escurre el brócoli y colócalo en un plato caliente. Coloca la carne encima y espolvorea generosamente con semillas de sésamo.

Carne rostizada

para 4 personas

450 g / 1 libra de bistec magro, en rodajas
60 ml / 4 cucharadas de salsa de soja
2 dientes de ajo machacados
5 ml / 1 cucharadita de sal
2,5 ml / ¬Ω cucharadita de pimienta recién molida
10 ml / 2 cucharaditas de azúcar

Mezclar todos los ingredientes y dejar macerar durante 3 horas. Ase o cocine a la parrilla (hornee) en una parrilla caliente durante aproximadamente 5 minutos por cada lado.

carne cantonesa

para 4 personas

30 ml / 2 cucharadas de harina de maíz (almidón de maíz)
2 claras de huevo batidas
450 g / 1 lb de bistec cortado en tiras
aceite para freír
4 tallos de apio, cortados en rodajas
2 cebollas picadas
60 ml / 4 cucharadas de agua
20 ml / 4 cucharaditas de sal
75 ml / 5 cucharadas de salsa de soja
60 ml / 4 cucharadas de vino de arroz o jerez seco
30 ml / 2 cucharadas de azúcar
pimienta recién molida

Mezclar la mitad de la harina de patata con las claras. Agrega el bistec y mezcla para cubrir la carne con la masa. Calentar el aceite y freír el filete hasta que esté dorado. Retirar de la sartén y escurrir sobre papel de cocina. Calentar 15 ml/1 cucharada de aceite y sofreír el apio y la cebolla durante 3 minutos. Agrega la carne, el agua, la sal, la salsa de soja, el vino o jerez, el azúcar y sazona con pimienta. Llevar a ebullición y cocinar, revolviendo, hasta que la salsa espese.

Carne De Res Con Zanahorias

para 4 personas

30 ml / 2 cucharadas de aceite de maní

450 g de carne magra de ternera cortada en cubos

2 chalotes (chalotes), en rodajas

2 dientes de ajo machacados

1 rodaja de raíz de jengibre, picada

250 ml / 8 fl oz / 1 taza de salsa de soja

30 ml / 2 cucharadas de vino de arroz o jerez seco

30 ml / 2 cucharadas de azúcar moreno

5 ml / 1 cucharadita de sal

600 ml / 1 pt / 2 Ω vasos de agua

4 zanahorias, cortadas en rodajas diagonales

Calentar el aceite y sofreír la carne hasta que esté ligeramente dorada. Escurre el exceso de aceite y agrega el cebollino, el ajo, el jengibre y el anís, sofríe por 2 minutos. Agrega la salsa de soja, el vino o jerez, el azúcar y la sal y mezcla bien. Agregue agua, hierva, cubra y cocine a fuego lento durante 1 hora. Agrega las zanahorias, tapa y cocina a fuego lento durante otros 30 minutos. Retire la tapa y cocine hasta que la salsa reduzca.

Ternera con anacardos

para 4 personas

60 ml / 4 cucharadas de aceite de maní
450 g / 1 libra de solomillo, cortado en rodajas finas
8 cebolletas (chalotes), cortadas en trozos
2 dientes de ajo machacados
1 rodaja de raíz de jengibre, picada
75 g / 3 oz / ¼ taza de anacardos tostados
120 ml / 4 fl oz / ¬Ω taza de agua
20 ml / 4 cucharaditas de harina de maíz (almidón de maíz)
20 ml / 4 cucharaditas de salsa de soja
5 ml / 1 cucharadita de aceite de sésamo
5 ml / 1 cucharadita de salsa de ostras
5 ml / 1 cucharadita de salsa de chile

Calentar la mitad del aceite y sofreír la carne hasta que esté ligeramente dorada. Retirar de la sartén. Calentar el aceite restante y sofreír las cebolletas, el ajo, el jengibre y los anacardos durante 1 minuto. Regresa la carne a la sartén. Mezcle los ingredientes restantes y agregue la mezcla a la sartén. Llevar a ebullición y cocinar, revolviendo, hasta que la mezcla espese.

Cazuela de ternera en olla de cocción lenta

para 4 personas

30 ml / 2 cucharadas de aceite de maní

450 g/1 libra de gulash, cortado en cubitos

3 rodajas de raíz de jengibre, picadas

3 zanahorias picadas

1 nabo, cortado en cubitos

15 ml / 1 cucharada de dátiles negros, sin semillas

15 ml / 1 cucharada de semillas de loto

30 ml / 2 cucharadas de puré de tomate (pasta)

10 ml / 2 cucharadas de sal

900 ml / 1 ohmio / 3 tazas de caldo de res

250 ml / 8 fl oz / 1 taza de vino de arroz o jerez seco

Calentar el aceite en una olla grande o sartén ignífuga y freír la carne hasta que se dore por todos lados.

Ternera Con Coliflor

para 4 personas

225 g / 8 oz de floretes de coliflor

aceite para freír

225 g de ternera cortada en tiras

50 g de brotes de bambú, cortados en tiras

10 castañas de agua, cortadas en tiras

120 ml / 4 fl oz / ½ taza de caldo de pollo

15 ml / 1 cucharada de salsa de soja

15 ml / 1 cucharada de salsa de ostras

15 ml / 1 cucharada de puré de tomate (pasta)

15 ml / 1 cucharada de harina de maíz (almidón de maíz)

2,5 ml / ½ cucharadita de aceite de sésamo

Cocine la coliflor en agua hirviendo durante 2 minutos y luego escúrrala. Calentar el aceite y sofreír la coliflor hasta que esté ligeramente dorada. Retirar y escurrir sobre papel de cocina. Calentar nuevamente el aceite y sofreír la carne hasta que esté ligeramente dorada, luego retirar y escurrir. Echar todo menos 15 ml/1 cucharada de aceite y sofreír los brotes de bambú y las castañas de agua durante 2 minutos. Agregue los ingredientes restantes, lleve a ebullición y cocine, revolviendo, hasta que la salsa espese. Vuelva a colocar la carne y la coliflor en la sartén y caliente suavemente. Servir inmediatamente.

Carne De Res Con Apio

para 4 personas

100 g de apio, cortado en tiras
45 ml / 3 cucharadas de aceite de maní (maní)
2 chalotes (chalotes), picados
1 rodaja de raíz de jengibre, picada
225 g de carne magra de ternera cortada en tiras
30 ml / 2 cucharadas de salsa de soja
30 ml / 2 cucharadas de vino de arroz o jerez seco
2,5 ml / ¬Ω cucharadita de azúcar
2,5 ml / ¬Ω cucharadita de sal

Blanquear el apio en agua hirviendo durante 1 minuto y luego escurrirlo bien. Calentar el aceite y sofreír la cebolleta y el jengibre hasta que estén ligeramente dorados. Agrega la carne y sofríe durante 4 minutos. Agrega el apio y sofríe durante 2 minutos. Agrega la salsa de soja, el vino o jerez, el azúcar y la sal y sofríe durante 3 minutos.

Rebanadas de ternera fritas con apio

para 4 personas

30 ml / 2 cucharadas de aceite de maní

450 g / 1 libra de carne magra, en rodajas

3 tallos de apio rallados

1 cebolla rallada

1 cebolla tierna (chalote), en rodajas

1 rodaja de raíz de jengibre, picada

30 ml / 2 cucharadas de salsa de soja

15 ml / 1 cucharada de vino de arroz o jerez seco

2,5 ml / ¬Ω cucharadita de azúcar

2,5 ml / ¬Ω cucharadita de sal

10 ml / 2 cucharaditas de harina de maíz (almidón de maíz)

30 ml / 2 cucharadas de agua

Calienta la mitad del aceite hasta que esté muy caliente y fríe la carne durante 1 minuto hasta que esté dorada. Retirar de la sartén. Calentar el aceite restante y sofreír el apio, la cebolla, la cebolleta y el jengibre hasta que se ablanden un poco. Volver a colocar la carne en la sartén con la salsa de soja, el vino o jerez, el azúcar y la sal, llevar a ebullición y freír hasta que esté tibia.

Mezcle la maicena y el agua, agregue la sartén y cocine a fuego lento hasta que la salsa espese. Servir inmediatamente.

Carne Deshebrada Con Pollo Y Apio

para 4 personas

4 champiñones chinos secos
45 ml / 3 cucharadas de aceite de maní (maní)
2 dientes de ajo machacados
1 raíz de jengibre, en rodajas, picada
5 ml / 1 cucharadita de sal
100 g de carne magra de ternera cortada en tiras
100 g de pollo cortado en tiras
2 zanahorias, cortadas en tiras
2 tallos de apio cortados en tiras
4 cebolletas (chalotes), cortadas en tiras
5 ml / 1 cucharadita de azúcar
5 ml / 1 cucharadita de salsa de soja
5 ml / 1 cucharadita de vino de arroz o jerez seco
45 ml / 3 cucharadas de agua
5 ml / 1 cucharadita de harina de maíz (almidón de maíz)

Remojar los champiñones en agua tibia durante 30 minutos y luego escurrirlos. Deseche los tallos y pique la parte superior. Calentar el aceite y sofreír el ajo, el jengibre y la sal hasta que estén ligeramente dorados. Agrega la carne y el pollo y sofríe hasta que empiece a dorarse. Agregue el apio, las cebolletas, el azúcar, la salsa de soja, el vino o jerez y el agua y deje hervir. Tape y cocine a fuego lento durante unos 15 minutos hasta que la carne esté tierna. Mezclar la harina de maíz con un poco de agua, agregar a la salsa y cocinar, revolviendo, hasta que la salsa espese.

Carne de Chile

para 4 personas

450 g / 1 libra de solomillo, cortado en tiras
45 ml / 3 cucharadas de salsa de soja
15 ml / 1 cucharada de vino de arroz o jerez seco
15 ml / 1 cucharada de azúcar moreno
15 ml / 1 cucharada de raíz de jengibre finamente picada
30 ml / 2 cucharadas de aceite de maní
50 g/2 oz de brotes de bambú, cortados en palillos
1 cebolla cortada en tiras
1 tallo de apio cortado en palitos

2 chiles rojos, sin semillas y cortados en tiras
120 ml / 4 fl oz / ½ taza de caldo de pollo
15 ml / 1 cucharada de harina de maíz (almidón de maíz)

Coloca el bistec en un bol. Mezcle salsa de soja, vino o jerez, azúcar y jengibre y agréguelos al bistec. Macerar durante 1 hora. Retire el bistec de la marinada. Calentar la mitad del aceite y sofreír los brotes de bambú, la cebolla, el apio y la guindilla durante 3 minutos, luego retirar de la sartén. Calentar el aceite restante y sofreír el filete durante 3 minutos. Agrega la marinada, lleva a ebullición y agrega las verduras fritas. Cocine a fuego lento, revolviendo, durante 2 minutos. Mezcle el caldo y la maicena y agréguelos a la sartén. Llevar a ebullición y cocinar a fuego lento, revolviendo, hasta que la salsa se adelgace y espese.

Ternera con col china

para 4 personas

225 g / 8 oz de carne magra
30 ml / 2 cucharadas de aceite de maní
350 g / 12 oz de bok choy, rallado
120 ml / 4 fl oz / ¬Ω taza de caldo de res
sal y pimienta recién molida
10 ml / 2 cucharaditas de harina de maíz (almidón de maíz)
30 ml / 2 cucharadas de agua

Cortar la carne en rodajas finas contra las fibras. Calentar el aceite y sofreír la carne hasta que esté dorada. Agrega el repollo chino y sofríe hasta que esté ligeramente suave. Agrega el caldo, lleva a ebullición, sazona con sal y pimienta. Tape y cocine a fuego lento durante 4 minutos hasta que la carne esté tierna. Mezcla la maicena y el agua, vierte en la olla y cocina, revolviendo, hasta que la salsa espese.

Chuleta de ternera suey

para 4 personas

3 tallos de apio, cortados en rodajas

100 g de brotes de soja

100 g / 4 oz de floretes de brócoli

60 ml / 4 cucharadas de aceite de maní

3 chalotas (chalotes), picadas

2 dientes de ajo machacados

1 rodaja de raíz de jengibre, picada

225 g de carne magra de ternera cortada en tiras

45 ml / 3 cucharadas de salsa de soja

15 ml / 1 cucharada de vino de arroz o jerez seco

5 ml / 1 cucharadita de sal

2,5 ml / ¬Ω cucharadita de azúcar

pimienta recién molida

15 ml / 1 cucharada de harina de maíz (almidón de maíz)

Blanquear el apio, los brotes de soja y el brócoli en agua hirviendo durante 2 minutos, luego escurrir y secar. Calentar 45 ml / 3 cucharadas de aceite y sofreír la cebolleta, el ajo y el jengibre hasta que estén ligeramente dorados. Agrega la carne y sofríe durante 4 minutos. Retirar de la sartén. Calentar el aceite restante y sofreír las verduras durante 3 minutos. Agrega la carne, la salsa de soja, el vino o jerez, la sal, el azúcar y una pizca de pimienta y cocina durante 2 minutos. Mezclar la harina de maíz con un poco de agua, ponerla en una olla y cocinar a fuego lento, revolviendo hasta que la salsa se adelgace y espese.

carne con pepino

para 4 personas

450 g / 1 libra de solomillo, cortado en rodajas finas
45 ml / 3 cucharadas de salsa de soja
30 ml / 2 cucharadas de harina de maíz (almidón de maíz)
60 ml / 4 cucharadas de aceite de maní
2 pepinos, pelados, sin semillas y cortados en rodajas
60 ml / 4 cucharadas de caldo de pollo
30 ml / 2 cucharadas de vino de arroz o jerez seco
sal y pimienta recién molida

Coloca el bistec en un bol. Mezcle la salsa de soja y la maicena y agréguela al bistec. Macerar durante 30 minutos. Calienta la mitad del aceite y fríe los pepinos durante 3 minutos hasta que estén opacos, luego retíralos de la sartén. Calentar el aceite restante y freír el filete hasta que esté dorado. Agrega los pepinos y sofríe por 2 minutos. Agrega caldo, vino o jerez, sazona con sal y pimienta. Llevar a ebullición, tapar y cocinar a fuego lento durante 3 minutos.

Chow Mein de carne

para 4 personas

750 g / 1 libra de lomo de res

2 cebollas

45 ml / 3 cucharadas de salsa de soja

45 ml / 3 cucharadas de vino de arroz o jerez seco

15 ml / 1 cucharada de mantequilla de maní

5 ml / 1 cucharadita de jugo de limón

350 g de fideos al huevo

60 ml / 4 cucharadas de aceite de maní

175 ml / 6 onzas / ¼ taza de caldo de pollo

15 ml / 1 cucharada de harina de maíz (almidón de maíz)

30 ml / 2 cucharadas de salsa de ostras
4 chalotas (chalotes), picadas
3 tallos de apio, cortados en rodajas
100 g de champiñones cortados en rodajas
1 pimiento verde cortado en tiras
100 g de brotes de soja

Quite y deseche la grasa de la carne. Cortar a lo largo de la fibra en rodajas finas. Corta las cebollas en octavos y separa las capas. Mezclar 15 ml/1 cucharada de salsa de soja con 15 ml/1 cucharada de vino o jerez, mantequilla de maní y jugo de limón. Agrega la carne, tapa y reserva por 1 hora. Cocine la pasta en agua hirviendo durante unos 5 minutos o hasta que esté suave. Escurrir bien. Calentar 15 ml/1 cucharada de aceite, añadir 15 ml/1 cucharada de salsa de soja y fideos y sofreír durante 2 minutos hasta que estén ligeramente dorados. Transfiera a un plato para servir caliente.

Mezclar el resto de la salsa de soja y el vino o jerez con el caldo, la maicena y la salsa de ostras. Calentar 15 ml/1 cucharada de aceite y sofreír la cebolla durante 1 minuto. Agregue el apio, los champiñones, el pimiento y los brotes de soja y cocine por 2 minutos. Retirar del wok. Calentar el aceite restante y freír la carne hasta que esté dorada. Agrega el caldo, lleva a ebullición, tapa y cocina por 3 minutos. Vuelva a colocar las verduras en el wok y cocine a fuego lento, revolviendo, durante unos 4 minutos, hasta que estén calientes. Vierte la mezcla sobre la pasta y sirve.

filete de pepino

para 4 personas

450 g / 1 libra de solomillo
10 ml / 2 cucharaditas de harina de maíz (almidón de maíz)
10 ml / 2 cucharaditas de sal
2,5 ml / ¬Ω cucharadita de pimienta recién molida
90 ml / 6 cucharadas de aceite de maní
1 cebolla finamente picada
1 pepino, pelado y rebanado
120 ml / 4 fl oz / ¬Ω taza de caldo de res

Cortar el filete en tiras y luego en rodajas finas a contrapelo. Colocar en un bol y añadir la maicena, la sal, la pimienta y la mitad del aceite. Macerar durante 30 minutos. Calentar el aceite restante y sofreír la carne y la cebolla hasta que estén ligeramente doradas. Agrega los pepinos y el caldo, deja hervir, tapa y cocina por 5 minutos.

Curry de carne asada

para 4 personas

45 ml / 3 cucharadas de mantequilla

15 ml / 1 cucharada de curry en polvo

45 ml / 3 cucharadas de harina de trigo (para todo uso)

375 ml / 13 fl oz / 1 ohmio taza de leche

15 ml / 1 cucharada de salsa de soja

sal y pimienta recién molida

450 g de ternera cocida, picada

100 g de guisantes

2 zanahorias picadas

2 cebollas picadas

225 g de arroz de grano largo cocido, caliente

1 huevo duro (hervido), cortado en rodajas

Derrita la mantequilla, agregue el curry en polvo y la harina y cocine por 1 minuto. Agregue la leche y la salsa de soja, deje hervir y cocine a fuego lento, revolviendo, durante 2 minutos. Condimentar con sal y pimienta. Agrega la carne, los guisantes, las zanahorias y la cebolla y mezcla bien para cubrir con la salsa. Agregue el arroz, luego transficra la mezcla a una fuente para horno y hornee en un horno precalentado a 200 ∞C / 400 ∞F / marca de gas 6 durante 20 minutos hasta que las verduras estén suaves. Servir decorado con rodajas de huevo duro.

Pollo Frito Sencillo

para 4 personas

1 pechuga de pollo, en rodajas finas

2 rodajas de raíz de jengibre, picadas

2 chalotes (chalotes), picados

15 ml / 1 cucharada de harina de maíz (almidón de maíz)

15 ml / 1 cucharada de vino de arroz o jerez seco

30 ml / 2 cucharadas de agua

2,5 ml / ½ cucharadita de sal

45 ml / 3 cucharadas de aceite de maní (maní)

100 g/4 oz de brotes de bambú, picados

100 g de champiñones cortados en rodajas

100 g de brotes de soja

15 ml / 1 cucharada de salsa de soja

5 ml / 1 cucharadita de azúcar

120 ml / 4 fl oz / ½ taza de caldo de pollo

Coloca el pollo en un bol. Mezclar el jengibre, las cebolletas, la maicena, el vino o jerez, el agua y la sal, agregar al pollo y dejar reposar durante 1 hora. Calentar la mitad del aceite y freír el pollo hasta que esté ligeramente dorado, luego retirar de la sartén. Calentar el aceite restante y sofreír los brotes de bambú, los champiñones y los brotes de soja durante 4 minutos. Agrega la salsa de soja, el azúcar y el caldo, lleva a ebullición, tapa y cocina a fuego lento durante 5 minutos hasta que las verduras estén suaves. Regrese el pollo a la sartén, mezcle bien y vuelva a calentar suavemente antes de servir.

Pollo En Salsa De Tomate

para 4 personas

30 ml / 2 cucharadas de aceite de maní

5 ml / 1 cucharadita de sal

2 dientes de ajo machacados

450 g / 1 libra de pollo cortado en cubitos

300 ml / ½ pt / 1¼ taza de caldo de pollo

120 ml / 4 fl oz / ½ taza de salsa de tomate (ketchup)

15 ml / 1 cucharada de harina de maíz (almidón de maíz)

4 cebolletas (chalotes), en rodajas

Calentar el aceite con sal y ajo hasta que el ajo esté ligeramente dorado. Agrega el pollo y fríe hasta que esté ligeramente dorado. Añade la mayor parte del caldo, deja hervir, tapa y cocina a fuego lento durante unos 15 minutos hasta que el pollo esté tierno. Mezclar el caldo restante con la salsa de tomate y la maicena y agregar a la sartén. Cocine a fuego lento, revolviendo, hasta que la salsa espese y se vuelva clara. Si la salsa está muy fina, cocina un rato hasta que reduzca. Agregue las cebolletas y cocine a fuego lento durante 2 minutos antes de servir.

Pollo Con Tomates

para 4 personas

225 g/8 oz de pollo, cortado en cubitos

15 ml / 1 cucharada de harina de maíz (almidón de maíz)

15 ml / 1 cucharada de salsa de soja

15 ml / 1 cucharada de vino de arroz o jerez seco

45 ml / 3 cucharadas de aceite de maní (maní)

1 cebolla, picada

60 ml / 4 cucharadas de caldo de pollo

5 ml / 1 cucharadita de sal

5 ml / 1 cucharadita de azúcar

2 tomates, sin piel y cortados en cubitos

Mezclar el pollo con la maicena, la salsa de soja y el vino o jerez y dejar reposar durante 30 minutos. Calentar el aceite y freír el pollo hasta que esté ligeramente dorado. Agrega la cebolla y sofríe hasta que esté suave. Agrega el caldo, la sal y el azúcar, lleva a ebullición y revuelve suavemente a fuego lento hasta que el pollo esté cocido. Agregue los tomates y revuelva hasta que estén bien calientes.

Pollo guisado con tomates

para 4 personas

4 porciones de pollo

4 tomates, sin piel y cortados en cuartos
15 ml / 1 cucharada de vino de arroz o jerez seco
15 ml / 1 cucharada de aceite de maní
sal

Coloca el pollo en la sartén y cúbrelo con agua fría. Llevar a ebullición, tapar y cocinar a fuego lento durante 20 minutos. Añade los tomates, el vino o jerez, el aceite y la sal, tapa y cocina a fuego lento durante 10 minutos más hasta que el pollo esté cocido. Coloque el pollo en un plato para servir precalentado y córtelo en trozos para servir. Vuelve a calentar la salsa y viértela sobre el pollo.

Pollo Y Tomates Con Salsa De Frijoles Negros

para 4 personas

45 ml / 3 cucharadas de aceite de maní (maní)
1 diente de ajo machacado
45 ml / 3 cucharadas de salsa de frijoles negros
225 g/8 oz de pollo, cortado en cubitos
15 ml / 1 cucharada de vino de arroz o jerez seco
5 ml / 1 cucharadita de azúcar
15 ml / 1 cucharada de salsa de soja
90 ml / 6 cucharadas de caldo de pollo
3 tomates, pelados y cortados en cuartos
10 ml / 2 cucharaditas de harina de maíz (almidón de maíz)
45 ml / 3 cucharadas de agua

Calentar el aceite y sofreír los ajos durante 30 segundos. Agrega la salsa de frijoles negros y fríe durante 30 segundos, luego agrega el pollo y revuelve hasta que esté bien cubierto de aceite. Añade el vino o jerez, el azúcar, la salsa de soja y el caldo, deja hervir, tapa y cocina a fuego lento durante unos 5 minutos hasta que el pollo esté cocido. Mezcle la harina de maíz y el agua hasta formar una pasta, revuelva en la sartén y cocine, revolviendo, hasta que la salsa se adelgace y espese.

Pollo Cocido Rápidamente Con Verduras

para 4 personas
1 clara de huevo

50 g / 2 oz de harina de maíz (maicena)
225 g de pechuga de pollo cortada en tiras
75 ml / 5 cucharadas de aceite de maní (maní)
200 g de brotes de bambú, cortados en tiras
50 g/2 oz de brotes de soja
1 pimiento verde cortado en tiras
3 cebolletas (chalotes), en rodajas
1 rodaja de raíz de jengibre, picada
1 diente de ajo picado
15 ml / 1 cucharada de vino de arroz o jerez seco

Batir la clara de huevo y la maicena y sumergir las tiras de pollo en la mezcla. Calienta el aceite hasta que esté moderadamente caliente y fríe el pollo unos minutos hasta que esté cocido. Retirar de la sartén y escurrir bien. Agrega los brotes de bambú, los brotes de soja, los pimientos, la cebolla, el jengibre y el ajo a la sartén y sofríe durante 3 minutos. Agrega el vino o jerez y regresa el pollo a la sartén. Mezclar bien y calentar antes de servir.

pollo con nueces

para 4 personas

45 ml / 3 cucharadas de aceite de maní (maní)
2 chalotes (chalotes), picados

1 rodaja de raíz de jengibre, picada
1 libra/450 g de pechuga de pollo, en rodajas muy finas
50 g/2 oz de jamón desmenuzado
30 ml / 2 cucharadas de salsa de soja
30 ml / 2 cucharadas de vino de arroz o jerez seco
5 ml / 1 cucharadita de azúcar
5 ml / 1 cucharadita de sal
100 g / 4 oz / 1 taza de nueces picadas

Calentar el aceite y sofreír la cebolla y el jengibre durante 1 minuto. Agrega el pollo y el jamón y sofríe durante 5 minutos hasta que estén casi cocidos. Agrega la salsa de soja, el vino o jerez, el azúcar y la sal y sofríe durante 3 minutos. Agrega las nueces y fríe durante 1 minuto hasta que estén bien combinadas.

Pollo Con Nueces

para 4 personas

100 g / 4 oz / 1 taza de nueces sin cáscara, partidas por la mitad
aceite para freír
45 ml / 3 cucharadas de aceite de maní (maní)
2 rodajas de raíz de jengibre, picadas

225 g/8 oz de pollo, cortado en cubitos

100 g/4 oz de brotes de bambú, picados

75 ml / 5 cucharadas de caldo de pollo

Preparar las nueces, calentar el aceite y sofreír las nueces hasta que estén doradas y escurrir bien. Calentar el aceite de maní y sofreír el jengibre durante 30 segundos. Agrega el pollo y fríe hasta que esté ligeramente dorado. Agregue los ingredientes restantes, deje hervir y cocine a fuego lento, revolviendo, hasta que el pollo esté cocido.

Pollo Con Castañas De Agua

para 4 personas

45 ml / 3 cucharadas de aceite de maní (maní)

2 dientes de ajo machacados

2 chalotes (chalotes), picados

1 rodaja de raíz de jengibre, picada

225 g / 8 oz de pechuga de pollo en rodajas

100 g de castañas de agua, en rodajas
45 ml / 3 cucharadas de salsa de soja
15 ml / 1 cucharada de vino de arroz o jerez seco
5 ml / 1 cucharadita de harina de maíz (almidón de maíz)

Calentar el aceite y sofreír el ajo, la cebolleta y el jengibre hasta que estén ligeramente dorados. Agrega el pollo y sofríe por 5 minutos. Añade las castañas de agua y sofríe durante 3 minutos. Agrega salsa de soja, vino o jerez, maicena y fríe durante unos 5 minutos hasta que el pollo esté cocido.

Pollo Salado Con Castañas De Agua

para 4 personas
30 ml / 2 cucharadas de aceite de maní
4 piezas de pollo
3 chalotas (chalotes), picadas
2 dientes de ajo machacados
1 rodaja de raíz de jengibre, picada
250 ml / 8 fl oz / 1 taza de salsa de soja

30 ml / 2 cucharadas de vino de arroz o jerez seco
30 ml / 2 cucharadas de azúcar moreno
5 ml / 1 cucharadita de sal
375 ml / 13 oz / 1¼ taza de agua
225 g de castañas de agua, en rodajas
15 ml / 1 cucharada de harina de maíz (almidón de maíz)

Calentar el aceite y freír los trozos de pollo hasta que estén dorados. Agrega el cebollino, el ajo y el jengibre y sofríe durante 2 minutos. Agrega la salsa de soja, el vino o jerez, el azúcar y la sal y mezcla bien. Agrega agua y deja hervir, tapa y cocina por 20 minutos. Agrega las castañas de agua, tapa y cocina por 20 minutos más. Mezcle la harina de maíz con un poco de agua, agregue la salsa y cocine, revolviendo, hasta que la salsa se adelgace y espese.

wonton de pollo

para 4 personas

4 champiñones chinos secos
450 g / 1 libra de pechuga de pollo desmenuzada
8 oz/225 g de verduras mixtas, picadas
1 cebolleta (chalote), picada
15 ml / 1 cucharada de salsa de soja
2,5 ml / ½ cucharadita de sal
40 pieles de wonton
1 huevo batido

Remojar los champiñones en agua tibia durante 30 minutos y luego escurrirlos. Deseche los tallos y pique la parte superior. Mezclar con pollo, verduras, salsa de soja y sal.

Para armar los wontons, sostén la piel en tu mano izquierda y coloca un poco del relleno en el medio. Cepille los bordes con huevo y doble la cáscara formando un triángulo, pegando los bordes. Pincelar las esquinas con huevo y girar.

Trae una olla de agua a hervir. Agregue los wontons y cocine a fuego lento durante unos 10 minutos hasta que floten hacia la superficie.

alitas de pollo crujientes

para 4 personas

900 g de alitas de pollo

60 ml / 4 cucharadas de vino de arroz o jerez seco

60 ml / 4 cucharadas de salsa de soja

50 g / 2 oz / ½ taza de maicena (maicena)

aceite de maní para freír

Coloque las alitas de pollo en un bol. Mezcle los ingredientes restantes y vierta sobre las alitas de pollo, revolviendo bien para cubrir con la salsa. Cubra y reserve durante 30 minutos. Calienta el aceite y fríe el pollo de a poco hasta que esté bien cocido y de color dorado oscuro. Escurrir bien sobre papel de cocina y mantener caliente mientras se fríe el pollo restante.

Alitas de pollo con cinco especias

para 4 personas

30 ml / 2 cucharadas de aceite de maní
2 dientes de ajo machacados
450 g / 1 libra de alitas de pollo
250 ml / 8 oz / 1 taza de caldo de pollo
30 ml / 2 cucharadas de salsa de soja
5 ml / 1 cucharadita de azúcar
5 ml / 1 cucharadita de cinco especias en polvo

Calienta el aceite y el ajo hasta que el ajo esté ligeramente dorado. Agrega el pollo y fríe hasta que esté ligeramente dorado. Agregue los ingredientes restantes, mezcle bien y deje hervir. Tape y cocine a fuego lento durante unos 15 minutos hasta que el pollo esté cocido. Retire la tapa y continúe cocinando a fuego lento, revolviendo ocasionalmente, hasta que la mayor parte del líquido se haya evaporado. Servir tibio o frío.

Alitas de pollo marinadas

para 4 personas

45 ml / 3 cucharadas de salsa de soja
45 ml / 3 cucharadas de vino de arroz o jerez seco
30 ml / 2 cucharadas de azúcar moreno
5 ml / 1 cucharadita de raíz de jengibre rallada
2 dientes de ajo machacados
6 cebolletas (chalotes), en rodajas
450 g / 1 libra de alitas de pollo
30 ml / 2 cucharadas de aceite de maní
225 g / 8 oz de brotes de bambú, rebanados
20 ml / 4 cucharaditas de harina de maíz (almidón de maíz)
175 ml / 6 onzas / ¾ taza de caldo de pollo

Mezclar salsa de soja, vino o jerez, azúcar, jengibre, ajo y cebollino. Agregue las alitas de pollo y revuelva para cubrirlas por completo. Cubra y reserve durante 1 hora, revolviendo ocasionalmente. Calentar el aceite y sofreír los brotes de bambú durante 2 minutos. Retíralos de la sartén. Escurrir el pollo y la cebolla, reservando la marinada. Calentar el aceite y freír el pollo hasta que se dore por todos lados. Tape y cocine por otros 20 minutos hasta que el pollo esté tierno. Mezcla la maicena con el caldo y la marinada reservada. Vierta el pollo y déjelo hervir, revolviendo hasta que la salsa espese. Agregue los brotes de bambú y cocine a fuego lento, revolviendo, durante otros 2 minutos.

Alitas de pollo reales

para 4 personas

12 alitas de pollo
250 ml / 8 fl oz / 1 taza de aceite de maní (maní)
15 ml / 1 cucharada de azúcar glass
2 cebolletas (chalotes), cortadas en trozos
5 rodajas de raíz de jengibre
5 ml / 1 cucharadita de sal
45 ml / 3 cucharadas de salsa de soja
250 ml / 8 fl oz / 1 taza de vino de arroz o jerez seco
250 ml / 8 oz / 1 taza de caldo de pollo
10 rodajas de brotes de bambú
15 ml / 1 cucharada de harina de maíz (almidón de maíz)
15 ml / 1 cucharada de agua
2,5 ml / ½ cucharadita de aceite de sésamo

Blanquear las alitas de pollo en agua hirviendo durante 5 minutos y luego escurrirlas bien. Calienta el aceite, agrega el azúcar y revuelve hasta que se derrita y se dore. Agregue el pollo, las cebolletas, el jengibre, la sal, la salsa de soja, el vino y el caldo, deje hervir y cocine a fuego lento durante 20 minutos. Añade los brotes de bambú y cocina a fuego lento durante 2 minutos hasta que el líquido se haya evaporado casi por completo. Mezclar la maicena con agua, revolver en la sartén y revolver hasta que espese. Transfiera las alitas de pollo a un plato caliente y sírvalas espolvoreadas con aceite de sésamo.

Alitas de pollo picantes

para 4 personas

30 ml / 2 cucharadas de aceite de maní

5 ml / 1 cucharadita de sal

2 dientes de ajo machacados

900 g de alitas de pollo

30 ml / 2 cucharadas de vino de arroz o jerez seco

30 ml / 2 cucharadas de salsa de soja

30 ml / 2 cucharadas de puré de tomate (pasta)

15 ml / 1 cucharada de salsa inglesa

Calentar el aceite, la sal y el ajo y sofreír hasta que el ajo se dore ligeramente. Agregue las alitas de pollo y cocine, revolviendo con frecuencia, durante unos 10 minutos, hasta que estén doradas y casi cocidas. Agrega el resto de los ingredientes y fríe durante unos 5 minutos hasta que el pollo esté crujiente y cocido.

Muslos de pollo a la parrilla

para 4 personas

16 muslos de pollo
30 ml / 2 cucharadas de vino de arroz o jerez seco
30 ml / 2 cucharadas de vinagre de vino
30 ml / 2 cucharadas de aceite de oliva
sal y pimienta recién molida
120 ml / 4 fl oz / ½ taza de jugo de naranja
30 ml / 2 cucharadas de salsa de soja
30 ml / 2 cucharadas de miel
15 ml / 1 cucharada de jugo de limón
2 rodajas de raíz de jengibre, picadas
120 ml / 4 fl oz / ½ taza de salsa de chile

Mezclar todos los ingredientes excepto la salsa de chile, tapar y dejar marinar en el refrigerador durante la noche. Retire el pollo de la marinada y cocínelo a la parrilla o a la parrilla durante unos 25 minutos, volteándolo y rociándolo con salsa de chile mientras se cocina.

Muslos De Pollo Hoisin

para 4 personas

8 muslos de pollo

600 ml / 1 ud / 2½ tazas de caldo de pollo

sal y pimienta recién molida

250 ml / 8 fl oz / 1 taza de salsa hoisin

30 ml / 2 cucharadas de harina de trigo (universal)

2 huevos batidos

100 g / 4 oz / 1 taza de pan rallado

aceite para freír

Coloque las baquetas y el caldo en la cacerola, lleve a ebullición, tape y cocine a fuego lento durante 20 minutos hasta que esté bien cocido. Retire el pollo de la sartén y séquelo con una toalla de papel. Coloca el pollo en un bol y sazona con sal y pimienta. Vierta la salsa hoisin y deje marinar durante 1 hora. Seco. Cubrir el pollo con harina, luego rebozarlo con huevo y pan rallado, y luego nuevamente con huevo y pan rallado. Calentar el aceite y freír el pollo durante unos 5 minutos hasta que esté dorado. Escurrir sobre papel de cocina y servir tibio o frío.

pollo guisado

Rinde de 4 a 6 porciones

75 ml / 5 cucharadas de aceite de maní (maní)

1 pollo

3 cebolletas (chalotes), en rodajas

3 rodajas de raíz de jengibre

120 ml / 4 fl oz / ½ taza de salsa de soja

30 ml / 2 cucharadas de vino de arroz o jerez seco

5 ml / 1 cucharadita de azúcar

Calentar el aceite y freír el pollo hasta que esté dorado. Agrega la chalota, el jengibre, la salsa de soja y el vino o jerez y deja hervir. Tape y cocine a fuego lento durante 30 minutos, volteando ocasionalmente. Agrega el azúcar, tapa y cocina a fuego lento durante otros 30 minutos hasta que el pollo esté cocido.

Pollo frito crujiente

para 4 personas

1 pollo

sal

30 ml / 2 cucharadas de vino de arroz o jerez seco

3 cebolletas (chalotes), cortadas en cubitos

1 rodaja de raíz de jengibre

30 ml / 2 cucharadas de salsa de soja

30 ml / 2 cucharadas de azúcar

5 ml / 1 cucharadita de clavo entero

5 ml / 1 cucharadita de sal

5 ml / 1 cucharadita de granos de pimienta

150 ml / ¼ pt / generoso ½ taza de caldo de pollo

aceite para freír

1 lechuga, picada

4 tomates, picados

½ pepino cortado en rodajas

Frote el pollo con sal y déjelo reposar durante 3 horas. Enjuague y coloque en un bol. Agrega el vino o jerez, el jengibre, la salsa de soja, el azúcar, el clavo, la sal, la pimienta y el caldo y mezcla bien. Coloque el recipiente en la vaporera, cubra y cocine al vapor durante aproximadamente 2 ¼ horas, hasta que el pollo esté cocido. Seco. Calentar el aceite hasta que empiece a humear, luego agregar el pollo y freír hasta que esté dorado. Freír otros 5 minutos, retirar del aceite y escurrir. Cortar en gajos y colocar en un plato para servir caliente. Adorne con lechuga, tomates y pepino y sirva con aderezo de sal y pimienta.

Pollo Frito Entero

Sirve 5

1 pollo
10 ml / 2 cucharaditas de sal
15 ml / 1 cucharada de vino de arroz o jerez seco
2 chalotes (chalotes), cortados por la mitad
3 rodajas de raíz de jengibre, cortadas en tiras
aceite para freír

Seque el pollo y frote la piel con sal y vino o jerez. Pon dentro cebollino y jengibre. Cuelgue el pollo para que se seque en un lugar fresco durante aproximadamente 3 horas. Calienta el aceite y coloca el pollo en la cesta para freír. Sumerja suavemente en aceite y rocíe continuamente por dentro y por fuera hasta que el pollo adquiera un color claro. Retirar del aceite y dejar enfriar un poco mientras se recalienta el aceite. Freír nuevamente hasta que estén doradas. Escurrir bien y luego cortar en trozos.

pollo en cinco sabores

Rinde de 4 a 6 porciones

1 pollo

120 ml / 4 fl oz / ½ taza de salsa de soja

2,5 cm / 1 pulgada de raíz de jengibre, picada

1 diente de ajo machacado

15 ml / 1 cucharada de cinco especias en polvo

30 ml / 2 cucharadas de vino de arroz o jerez seco

30 ml / 2 cucharadas de miel

2,5 ml / ½ cucharadita de aceite de sésamo

aceite para freír

30 ml / 2 cucharadas de sal

5 ml / 1 cucharadita de pimienta recién molida

Coloca el pollo en una olla grande y llénalo con agua hasta la mitad del muslo. Reserva 15 ml/1 cucharada de salsa de soja y añade el resto a la sartén con el jengibre, el ajo y la mitad del polvo de cinco especias. Llevar a ebullición, tapar y cocinar a fuego lento durante 5 minutos. Apagar el fuego y dejar reposar el pollo en el agua hasta que esté tibia. Seco.

Corta el pollo por la mitad a lo largo y colócalo con el lado cortado hacia abajo en una fuente refractaria. Mezcle el resto de la salsa de soja y el polvo de cinco especias con el vino o jerez, la miel y el aceite de sésamo. Frote la mezcla sobre el pollo y déjelo durante 2 horas, cepillando la mezcla de vez en cuando. Calienta el aceite y fríe las mitades de pollo durante unos 15 minutos, hasta que estén doradas y bien cocidas. Escurrir sobre papel de cocina y cortar en porciones.

Mientras tanto, mezcle sal y pimienta y caliente en una sartén seca durante unos 2 minutos. Servir como salsa para el pollo.

Pollo con jengibre y cebollino

para 4 personas

1 pollo
2 rodajas de raíz de jengibre, cortadas en tiras
sal y pimienta recién molida
90 ml / 4 cucharadas de aceite de maní
8 cebolletas (chalotes), finamente picadas
10 ml / 2 cucharaditas de vinagre de vino blanco
5 ml / 1 cucharadita de salsa de soja

Coloque el pollo en una olla grande, agregue la mitad del jengibre y vierta suficiente agua para casi cubrir el pollo. Condimentar con sal y pimienta. Llevar a ebullición, tapar y cocinar a fuego lento durante aproximadamente 1¼ horas hasta que estén tiernos. Deja reposar el pollo en el caldo hasta que se enfríe. Escurre el pollo y refrigera hasta que esté frío. Cortar en porciones.

Rallar el jengibre restante y mezclar con el aceite, las cebolletas, el vinagre de vino y la salsa de soja, sal y pimienta. Refrigere por 1 hora. Coloca los trozos de pollo en un bol y vierte el aderezo de jengibre sobre ellos. Servir con arroz al vapor.

pollo cocinado

para 4 personas

1 pollo

1,2 l / 2 unidades / 5 tazas de caldo de pollo o agua

30 ml / 2 cucharadas de vino de arroz o jerez seco

4 chalotas (chalotes), picadas

1 rodaja de raíz de jengibre

5 ml / 1 cucharadita de sal

Coloca el pollo en una olla grande con todos los ingredientes restantes. El caldo o agua debe llegar hasta la mitad del muslo. Llevar a ebullición, tapar y cocinar a fuego lento durante aproximadamente 1 hora, hasta que el pollo esté cocido. Colar reservando el caldo para sopas.

Pollo Hervido Rojo

para 4 personas

1 pollo

250 ml / 8 fl oz / 1 taza de salsa de soja

Coloque el pollo en la sartén, vierta salsa de soja encima y vierta suficiente agua para casi cubrir el pollo. Llevar a ebullición, tapar y cocinar a fuego lento durante aproximadamente 1 hora hasta que el pollo esté cocido, volteándolo ocasionalmente.

Pollo con especias cocido rojo

para 4 personas

2 rodajas de raíz de jengibre

2 cebolletas (chalotes)

1 pollo

3 dientes de anís estrellado

½ rama de canela

15 ml / 1 cucharada de pimienta de Sichuan

75 ml / 5 cucharadas de salsa de soja

75 ml / 5 cucharadas de vino de arroz o jerez seco

75 ml / 5 cucharadas de aceite de sésamo

15 ml / 1 cucharada de azúcar

Coloca el jengibre y la cebolleta dentro del pollo y coloca el pollo en la sartén. Ate el anís, la canela y los granos de pimienta en un trozo de muselina y agréguelos a la sartén. Vierta salsa de soja, vino o jerez y aceite de sésamo. Llevar a ebullición, tapar y cocinar a fuego lento durante unos 45 minutos. Agrega el azúcar, tapa y cocina por otros 10 minutos hasta que el pollo esté cocido.

Pollo asado con semillas de sésamo

para 4 personas

50 g/2 oz de semillas de sésamo

1 cebolla finamente picada

2 dientes de ajo picados

10 ml / 2 cucharaditas de sal

1 chile rojo seco, triturado

una pizca de clavo molido

2,5 ml / ½ cucharadita de cardamomo molido

2,5 ml / ½ cucharadita de jengibre molido

75 ml / 5 cucharadas de aceite de maní (maní)

1 pollo

Mezcle todas las especias y el aceite y unte el pollo. Colocar en una fuente para asar y agregar 30 ml / 2 cucharadas de agua. Hornee en un horno precalentado a 180 °C/350 °F/marca de gas 4 durante aproximadamente 2 horas, rociando y volteando el pollo de vez en cuando, hasta que esté dorado y bien cocido. Añade un poco más de agua si es necesario para evitar quemaduras.

Pollo En Salsa De Soja

Rinde de 4 a 6 porciones

300 ml / ½ pt / 1¼ taza de salsa de soja

300 ml / ½ pt / 1 ¼ taza de vino de arroz o jerez seco

1 cebolla picada

3 rodajas de raíz de jengibre, picadas

50 g / 2 oz / ¼ taza de azúcar

1 pollo

15 ml / 1 cucharada de harina de maíz (almidón de maíz)

60 ml / 4 cucharadas de agua

1 pepino, pelado y rebanado

30 ml / 2 cucharadas de perejil fresco picado

Mezcle la salsa de soja, el vino o jerez, la cebolla, el jengibre y el azúcar en una cacerola y deje hervir. Agregue el pollo, vuelva a hervir, cubra y cocine a fuego lento durante 1 hora, volteando el pollo ocasionalmente, hasta que esté bien cocido. Transfiera el pollo a un plato para servir caliente y córtelo. Vierta todo menos 250 ml / 8 fl oz / 1 taza de líquido de cocción y deje hervir nuevamente. Mezcle la harina de maíz y el agua hasta formar una pasta, revuelva en la sartén y cocine, revolviendo, hasta que la salsa se adelgace y espese. Unta un poco de la salsa sobre el pollo y decora el pollo con pepino y perejil. Sirve la salsa restante por separado.

pollo al vapor

para 4 personas

1 pollo

45 ml / 3 cucharadas de vino de arroz o jerez seco

sal

2 rodajas de raíz de jengibre

2 cebolletas (chalotes)

250 ml / 8 oz / 1 taza de caldo de pollo

Coloque el pollo en un recipiente apto para horno y frótelo con vino o jerez y sal, luego agregue el jengibre y las cebolletas. Coloque el tazón sobre una rejilla en la vaporera, cubra y cocine al vapor sobre agua hirviendo durante aproximadamente 1 hora, hasta que esté bien cocido. Servir tibio o frío.

Pollo al vapor con anís

para 4 personas

250 ml / 8 fl oz / 1 taza de salsa de soja

250ml / 8oz / 1 taza de agua

15 ml / 1 cucharada de azúcar moreno
4 dientes de anís estrellado
1 pollo

Mezclar la salsa de soja, el agua, el azúcar y el anís estrellado en una olla y llevar a ebullición a fuego lento. Coloque el pollo en un bol y rocíe bien la mezcla por dentro y por fuera. Calienta la mezcla y repite. Coloca el pollo en un recipiente resistente al calor. Coloque el tazón sobre una rejilla en la vaporera, cubra y cocine al vapor sobre agua hirviendo durante aproximadamente 1 hora, hasta que esté bien cocido.

sabor extraño a pollo

para 4 personas

1 pollo

5 ml / 1 cucharadita de raíz de jengibre molida
5 ml / 1 cucharadita de ajo picado
45 ml / 3 cucharadas de salsa de soja espesa
5 ml / 1 cucharadita de azúcar
2,5 ml / ½ cucharadita de vinagre de vino
10 ml / 2 cucharaditas de salsa de sésamo
5 ml / 1 cucharadita de pimienta recién molida
10 ml / 2 cucharaditas de aceite de chile
½ lechuga, rallada
15 ml / 1 cucharada de cilantro fresco picado

Coloca el pollo en la sartén y llénala con agua hasta llegar a la mitad de las piernas de pollo. Llevar a ebullición, tapar y cocinar a fuego lento durante aproximadamente 1 hora, hasta que el pollo esté tierno. Retirar de la sartén, escurrir bien y remojar en agua con hielo hasta que la carne esté completamente fría. Escurrir bien y cortar en trozos de 5 cm / 2. Mezclar el resto de los ingredientes y verter sobre el pollo. Servir decorado con lechuga y cilantro.

trozos de pollo crujientes

para 4 personas

100 g / 4 oz de harina de trigo (para todo uso)
pizca de sal

15 ml / 1 cucharada de agua

1 huevo

350 g/12 oz de pollo cocido, cortado en cubitos

aceite para freír

Mezclar la harina, la sal, el agua y el huevo hasta tener una masa bastante firme, añadiendo un poco más de agua si es necesario. Sumerja los trozos de pollo en la masa hasta que estén bien cubiertos. Calienta el aceite hasta que esté muy caliente y fríe el pollo unos minutos hasta que esté crujiente y dorado.

Pollo Con Judías Verdes

para 4 personas

45 ml / 3 cucharadas de aceite de maní (maní)

450 g de pollo cocido y desmenuzado

5 ml / 1 cucharadita de sal

2,5 ml / ½ cucharadita de pimienta recién molida

8 oz/225 g de judías verdes, cortadas en trozos

1 tallo de apio, cortado en diagonal

225 g de champiñones en rodajas

250 ml / 8 oz / 1 taza de caldo de pollo

30 ml / 2 cucharadas de harina de maíz (almidón de maíz)

60 ml / 4 cucharadas de agua

10 ml / 2 cucharaditas de salsa de soja

Calentar el aceite y freír el pollo, sazonar con sal y pimienta, hasta que esté ligeramente dorado. Agregue los frijoles, el apio y los champiñones y mezcle bien. Agrega el caldo, lleva a ebullición, tapa y cocina a fuego lento durante 15 minutos. Mezcle la maicena, el agua y la salsa de soja hasta formar una pasta, revuelva en la sartén y cocine a fuego lento, revolviendo, hasta que la salsa se adelgace y espese.

Pollo Cocido Con Piña

para 4 personas

45 ml / 3 cucharadas de aceite de maní (maní)

8 oz/225 g de pollo cocido, cortado en cubitos

sal y pimienta recién molida

2 tallos de apio, cortados en diagonal

3 rodajas de piña, cortadas en trozos
120 ml / 4 fl oz / ½ taza de caldo de pollo
15 ml / 1 cucharada de salsa de soja
10 ml / 2 cucharadas de harina de maíz (almidón de maíz)
30 ml / 2 cucharadas de agua

Calentar el aceite y sofreír el pollo hasta que esté ligeramente dorado. Sazone con sal y pimienta, agregue el apio y fríalo por 2 minutos. Agrega la piña, el caldo y la salsa de soja y revuelve durante unos minutos hasta que esté bien caliente. Mezcle la harina de maíz y el agua hasta formar una pasta, revuelva en la sartén y cocine, revolviendo, hasta que la salsa se adelgace y espese.

Pollo con pimientos y tomates

para 4 personas

45 ml / 3 cucharadas de aceite de maní (maní)
450 g de pollo cocido, cortado en rodajas
10 ml / 2 cucharaditas de sal
5 ml / 1 cucharadita de pimienta recién molida
1 pimiento verde cortado en trozos

4 tomates grandes, sin piel y cortados en octavos
250 ml / 8 oz / 1 taza de caldo de pollo
30 ml / 2 cucharadas de harina de maíz (almidón de maíz)
15 ml / 1 cucharada de salsa de soja
120 ml / 4 oz / ½ taza de agua

Calentar el aceite y freír el pollo, sazonar con sal y pimienta hasta que esté dorado. Agrega los pimientos y los tomates. Vierta el caldo, lleve a ebullición, tape y cocine a fuego lento durante 15 minutos. Mezcle la maicena, la salsa de soja y el agua hasta formar una pasta, revuelva en la sartén y cocine a fuego lento, revolviendo, hasta que la salsa se adelgace y espese.

Pollo al sésamo

para 4 personas

450 g de pollo cocido, cortado en tiras
2 rodajas de jengibre finamente picado
1 cebolleta (chalote), finamente picada
sal y pimienta recién molida

60 ml / 4 cucharadas de vino de arroz o jerez seco

60 ml / 4 cucharadas de aceite de sésamo

10 ml / 2 cucharaditas de azúcar

5 ml / 1 cucharadita de vinagre de vino

150 ml / ¼ parte / generosa ½ taza de salsa de soja

Coloque el pollo en un plato para servir y espolvoree con jengibre, cebollino, sal y pimienta. Mezcla vino o jerez, aceite de sésamo, azúcar, vinagre de vino y salsa de soja. Vierta sobre el pollo.

poussins fritos

para 4 personas

2 poussins, cortados por la mitad

45 ml / 3 cucharadas de salsa de soja

45 ml / 3 cucharadas de vino de arroz o jerez seco

120 ml / 4 fl oz / ½ taza de aceite de maní (maní)

1 cebolleta (chalote), finamente picada

30 ml / 2 cucharadas de caldo de pollo
10 ml / 2 cucharaditas de azúcar
5 ml / 1 cucharadita de aceite de chile
5 ml / 1 cucharadita de pasta de ajo
sal y pimienta

Coloca los poussins en un bol. Mezclar la salsa de soja con el vino o jerez, verter sobre los poussins, tapar y marinar durante 2 horas, regando frecuentemente. Calentar el aceite y freír los donuts durante unos 20 minutos hasta que estén bien cocidos. Sácalas de la sartén y vuelve a calentar el aceite. Vuelve a ponerlos en la sartén y fríelos hasta que estén dorados. Drene la mayor parte del aceite. Mezclar los ingredientes restantes, agregar a la sartén y calentar rápidamente. Vierta sobre los poussins antes de servir.

Türkiye con tirabeques

para 4 personas

60 ml / 4 cucharadas de aceite de maní
2 chalotes (chalotes), picados
2 dientes de ajo machacados
1 rodaja de raíz de jengibre, picada
225 g de pechuga de pavo, cortada en tiras
225 g/8 oz de guisantes tirabeques

100 g de brotes de bambú, cortados en tiras
50 g de castañas de agua cortadas en tiras
45 ml / 3 cucharadas de salsa de soja
15 ml / 1 cucharada de vino de arroz o jerez seco
5 ml / 1 cucharadita de azúcar
5 ml / 1 cucharadita de sal
15 ml / 1 cucharada de harina de maíz (almidón de maíz)

Calentar 45 ml / 3 cucharadas de aceite y sofreír la cebolleta, el ajo y el jengibre hasta que estén ligeramente dorados. Agrega el pavo y fríe durante 5 minutos. Retirar de la sartén y reservar. Calentar el aceite restante y sofreír los guisantes, los brotes de bambú y las castañas de agua durante 3 minutos. Agrega la salsa de soja, el vino o jerez, el azúcar y la sal y regresa el pavo a la sartén. Freír por 1 minuto. Mezclar la harina de maíz con un poco de agua, ponerla en una olla y cocinar a fuego lento, revolviendo hasta que la salsa se adelgace y espese.

Pavo Con Pimientos

para 4 personas

4 champiñones chinos secos
30 ml / 2 cucharadas de aceite de maní
1 bok choy, cortado en tiras
350 g de pavo ahumado cortado en tiras
1 cebolla picada
1 pimiento rojo cortado en tiras
1 pimiento verde cortado en tiras
120 ml / 4 fl oz / ½ taza de caldo de pollo

30 ml / 2 cucharadas de puré de tomate (pasta)
45 ml / 3 cucharadas de vinagre de vino
30 ml / 2 cucharadas de salsa de soja
15 ml / 1 cucharada de salsa hoisin
10 ml / 2 cucharaditas de harina de maíz (almidón de maíz)
unas gotas de aceite de chile

Remojar los champiñones en agua tibia durante 30 minutos y luego escurrirlos. Deseche los tallos y corte las puntas en tiras. Calienta la mitad del aceite y fríe el repollo durante unos 5 minutos o hasta que esté cocido. Retirar de la sartén. Agrega el pavo y fríe por 1 minuto. Agrega las verduras y sofríe durante 3 minutos. Mezclar el caldo con el puré de tomate, el vinagre de vino y las salsas y agregar a la olla con el repollo. Mezclar la maicena con un poco de agua, revolver en una olla y llevar a ebullición, revolviendo. Rocíe con aceite de chile y cocine a fuego lento durante 2 minutos, revolviendo constantemente.

pavo asado chino

Sirve de 8 a 10

1 pavo pequeño

600 ml / 1 porción / 2½ tazas de agua caliente

10 ml / 2 cucharaditas de pimienta de Jamaica

500 ml / 16 fl oz / 2 tazas de salsa de soja

5 ml / 1 cucharadita de aceite de sésamo

10 ml / 2 cucharaditas de sal

45 ml / 3 cucharadas de mantequilla

Coloca el pavo en la sartén y cúbrelo con agua caliente. Agrega el resto de los ingredientes excepto la mantequilla y reserva durante 1 hora, volteando varias veces. Retire el pavo del líquido y unte con mantequilla. Colóquelo en una fuente para asar, cúbralo sin apretar con papel de cocina y hornee en un horno precalentado a 160 °C/325 °F/termostato 3 durante aproximadamente 4 horas, rociando con salsa de soja líquida de vez en cuando. Retire el papel de aluminio y deje que la corteza se dore durante los últimos 30 minutos de horneado.

Pavo con nueces y champiñones

para 4 personas

450 g / 1 libra de filete de pechuga de pavo

sal y pimienta

jugo de 1 naranja

15 ml / 1 cucharada de harina de trigo (para todo uso)

12 nueces negras encurtidas con jugo

5 ml / 1 cucharadita de harina de maíz (almidón de maíz)

15 ml / 1 cucharada de aceite de maní

2 cebolletas (chalotes), cortadas en cubitos

225 gramos de champiñones

45 ml / 3 cucharadas de vino de arroz o jerez seco
10 ml / 2 cucharaditas de salsa de soja
50 g / 2 oz / ½ taza de mantequilla
25 g / 1 oz de piñones

Cortar el pavo en rodajas de 1/2 cm de grosor. Espolvorea con sal, pimienta y jugo de naranja y espolvorea con harina. Escurre y corta las nueces por la mitad, reserva el líquido y mezcla el líquido con la maicena. Calentar el aceite y freír el pavo hasta que esté dorado. Agrega las cebolletas y los champiñones y sofríe durante 2 minutos. Agrega el vino o jerez y la salsa de soja y cocina a fuego lento durante 30 segundos. Agrega las nueces a la mezcla de maicena, luego revuélvelas en la sartén y deja que hierva. Agrega la mantequilla en hojuelas pequeñas, pero no dejes que la mezcla hierva. Asa los piñones en una sartén seca hasta que estén dorados. Transfiera la mezcla de pavo a un plato para servir caliente y sírvala, adornada con piñones.

pato con brotes de bambú

para 4 personas
6 champiñones chinos secos
1 pato

50 g de jamón ahumado cortado en tiras
100 g de brotes de bambú, cortados en tiras
2 cebolletas (chalotes), cortadas en tiras
2 rodajas de raíz de jengibre, cortadas en tiras
5 ml / 1 cucharadita de sal

Remojar los champiñones en agua tibia durante 30 minutos y luego escurrirlos. Deseche los tallos y corte las puntas en tiras. Coloque todos los ingredientes en un recipiente resistente al calor y colóquelos en una olla llena de agua hasta que el recipiente esté lleno en dos tercios. Llevar a ebullición, tapar y cocinar a fuego lento durante unas 2 horas hasta que el pato esté cocido, añadiendo agua hirviendo si es necesario.

Pato con brotes de soja

para 4 personas

225 g de brotes de soja
45 ml / 3 cucharadas de aceite de maní (maní)
450 g / 1 libra de carne de pato cocida
15 ml / 1 cucharada de salsa de ostras
15 ml / 1 cucharada de vino de arroz o jerez seco
30 ml / 2 cucharadas de agua
2,5 ml / ½ cucharadita de sal

Blanquear los brotes de soja en agua hirviendo durante 2 minutos y luego escurrirlos. Calentar el aceite, sofreír los brotes de soja durante 30 segundos. Agrega el pato, sofríe hasta que esté dorado. Agrega los ingredientes restantes y fríe durante 2 minutos para combinar los sabores. Servir inmediatamente.

pato guisado

para 4 personas

4 chalotas (chalotes), picadas

1 rodaja de raíz de jengibre, picada

120 ml / 4 fl oz / ½ taza de salsa de soja

30 ml / 2 cucharadas de vino de arroz o jerez seco

1 pato

120 ml / 4 fl oz / ½ taza de aceite de maní (maní)

600 ml / 1 taza / 2½ tazas de agua

15 ml / 1 cucharada de azúcar moreno

Mezcle las cebolletas, el jengibre, la salsa de soja y el vino o jerez y frote el pato por dentro y por fuera. Calentar el aceite y sofreír el pato por cada lado hasta que esté ligeramente dorado. Escurrir el aceite. Agregue el agua y el resto de la mezcla de salsa de soja, deje hervir, cubra y cocine a fuego lento durante 1 hora. Agrega el azúcar, tapa y cocina a fuego lento durante otros 40 minutos hasta que el pato esté tierno.

Pato al vapor con apio

para 4 personas

350 g de pato cocido, cortado en rodajas
1 cabeza de apio
250 ml / 8 oz / 1 taza de caldo de pollo
2,5 ml / ½ cucharadita de sal
5 ml / 1 cucharadita de aceite de sésamo
1 tomate, cortado en octavos

Coloque el pato sobre la rejilla de la vaporera. Cortar el apio en trozos de 7,5 cm / 3 de largo y ponerlo en la olla. Vierte el caldo, sazona con sal y coloca la vaporera en la sartén. Lleve el caldo a ebullición y luego cocine a fuego lento durante unos 15 minutos, hasta que el apio esté suave y el pato esté completamente caliente. Coloque el pato y el apio en un plato caliente, espolvoree el apio con aceite de sésamo y sirva decorado con gajos de tomate.

pato con jengibre

para 4 personas

350 g de pechuga de pato, en rodajas finas
1 huevo, ligeramente batido
5 ml / 1 cucharadita de salsa de soja
5 ml / 1 cucharadita de harina de maíz (almidón de maíz)
5 ml / 1 cucharadita de aceite de maní
aceite para freír
50 g/2 oz de brotes de bambú
50 g de guisantes

2 rodajas de raíz de jengibre, picadas
15 ml / 1 cucharada de agua
2,5 ml / ½ cucharadita de azúcar
2,5 ml / ½ cucharadita de vino de arroz o jerez seco
2,5 ml / ½ cucharadita de aceite de sésamo

Mezclar el pato con el huevo, la salsa de soja, la maicena y el aceite y dejar reposar 10 minutos. Calentar el aceite y sofreír el pato y los brotes de bambú hasta que estén cocidos y dorados. Retirar de la sartén y escurrir bien. Vierta todo menos 15 ml/1 cucharada de aceite de la sartén y fría el pato, los brotes de bambú, los guisantes, el jengibre, el agua, el azúcar y el vino o jerez durante 2 minutos. Servir espolvoreado con aceite de sésamo.

Pato Con Judías Verdes

para 4 personas

1 pato

60 ml / 4 cucharadas de aceite de maní

2 dientes de ajo machacados

2,5 ml / ½ cucharadita de sal

1 cebolla picada

15 ml / 1 cucharada de raíz de jengibre rallada

45 ml / 3 cucharadas de salsa de soja

120 ml / 4 fl oz / ½ taza de vino de arroz o jerez seco

60 ml / 4 cucharadas de salsa de tomate (ketchup)

45 ml / 3 cucharadas de vinagre de vino

300 ml / ½ pt / 1¼ taza de caldo de pollo

1 libra/450 g de judías verdes, picadas

una pizca de pimienta recién molida

5 gotas de aceite de chile

15 ml / 1 cucharada de harina de maíz (almidón de maíz)

30 ml / 2 cucharadas de agua

Corta el pato en 8-10 trozos. Calentar el aceite y sofreír el pato hasta que esté dorado. Transfiera a un tazón. Agrega el ajo, la sal, la cebolla, el jengibre, la salsa de soja, el vino o jerez, la salsa de tomate y el vinagre de vino. Mezclar, tapar y marinar en el frigorífico durante 3 horas.

Calentar nuevamente el aceite, agregar el pato, el caldo y la marinada, llevar a ebullición, tapar y cocinar a fuego lento durante 1 hora. Agrega los frijoles, tapa y cocina por 15 minutos. Agregue pimienta y aceite de chile. Mezclar la harina de maíz con agua, verter en la olla y cocinar a fuego lento, revolviendo hasta que la salsa espese.

pato frito al vapor

para 4 personas

1 pato
sal y pimienta recién molida
aceite para freír
salsa hoisin

Sazone el pato con sal y pimienta y colóquelo en una fuente refractaria. Colóquelo en una olla llena con agua hasta dos tercios de su altura, lleve a ebullición, cubra y cocine a fuego lento durante aproximadamente 1 1/2 horas hasta que el pato esté tierno. Colar y enfriar.

Calentar el aceite y sofreír el pato hasta que esté crujiente y dorado. Retirar y escurrir bien. Cortar en trozos pequeños y servir con salsa hoisin.

Pato Con Frutas Exóticas

para 4 personas

4 filetes de pechuga de pato, cortados en tiras

2,5 ml / ½ cucharadita de cinco especias en polvo

30 ml / 2 cucharadas de salsa de soja

15 ml / 1 cucharada de aceite de sésamo

15 ml / 1 cucharada de aceite de maní

3 tallos de apio, cortados en cubos

2 rodajas de piña, cortadas en cubos

100 g de melón cortado en cubos

4 oz/100 g de lichi, cortado a la mitad

130 ml / 4 fl oz / ½ taza de caldo de pollo

30 ml / 2 cucharadas de puré de tomate (pasta)

30 ml / 2 cucharadas de salsa hoisin

10 ml / 2 cucharaditas de vinagre de vino

una pizca de azúcar moreno

Coloca el pato en un bol. Mezcle cinco especias en polvo, salsa de soja y aceite de sésamo, vierta sobre el pato y deje marinar durante 2 horas, revolviendo ocasionalmente. Calentar el aceite y sofreír el pato durante 8 minutos. Retirar de la sartén. Agrega el apio y la fruta y sofríe durante 5 minutos. Regrese el pato a la sartén con los ingredientes restantes, déjelo hervir y cocine a fuego lento, revolviendo, durante 2 minutos antes de servir.

Pato Estofado Con Hojas Chinas

para 4 personas

1 pato

30 ml / 2 cucharadas de vino de arroz o jerez seco

30 ml / 2 cucharadas de salsa hoisin

15 ml / 1 cucharada de harina de maíz (almidón de maíz)

5 ml / 1 cucharadita de sal

5 ml / 1 cucharadita de azúcar

60 ml / 4 cucharadas de aceite de maní

4 chalotas (chalotes), picadas

2 dientes de ajo machacados

1 rodaja de raíz de jengibre, picada

75 ml / 5 cucharadas de salsa de soja

600 ml / 1 taza / 2½ tazas de agua

8 oz/225 g de hojas de porcelana, ralladas

Cortar el pato en unos 6 trozos. Mezclar el vino o jerez, la salsa hoisin, la maicena, la sal y el azúcar y untar sobre el pato. Reservar durante 1 hora. Calentar el aceite y sofreír la cebolleta, el ajo y el jengibre durante unos segundos. Añade el pato y sofríe hasta que esté ligeramente dorado por todos lados. Escurrir el exceso de grasa. Vierta la salsa de soja y el agua, hierva, cubra y cocine a fuego lento durante unos 30 minutos. Añade las hojas de china, tapa nuevamente y cocina a fuego lento durante otros 30 minutos hasta que el pato esté tierno.

pato borracho

para 4 personas

2 chalotes (chalotes), picados
2 dientes de ajo picados
1,5 l / 2½ puntos / 6 vasos de agua
1 pato
450 ml / ¾ pt / 2 copas de vino de arroz o jerez seco

Coloque las cebolletas, el ajo y el agua en una olla grande y deje hervir. Añade el pato, vuelve a hervir, tapa y cocina durante 45 minutos. Escurrir bien reservando el líquido para el caldo. Deja que el pato se enfríe y luego métclo en el frigorífico durante la noche. Corta el pato en trozos y colócalo en un frasco grande con tapa de rosca. Vierta vino o jerez y enfríe durante aproximadamente 1 semana antes de colar y servir frío.

pato cinco especias

para 4 personas

150 ml / ¼ pt / generosa ½ taza de vino de arroz o jerez seco

150 ml / ¼ parte / generosa ½ taza de salsa de soja

1 pato

10 ml / 2 cucharaditas de cinco especias en polvo

Llevar a ebullición el vino o el jerez y la salsa de soja. Agregue el pato y cocine a fuego lento, dándole vuelta, durante unos 5 minutos. Retire el pato de la sartén y frote la piel con el polvo de los cinco sabores. Vuelva a colocar el ave en la sartén y agregue suficiente agua para cubrir el pato hasta la mitad. Deje hervir, cubra y cocine a fuego lento durante aproximadamente 1 1/2 horas hasta que el pato esté tierno, volteándolo y rociándolo con frecuencia. Cortar el pato en trozos de 5 cm/2 y servir tibio o frío.

Pato Frito Con Jengibre

para 4 personas

1 pato

2 rodajas de raíz de jengibre rallada

2 chalotes (chalotes), picados

15 ml / 1 cucharada de harina de maíz (almidón de maíz)

30 ml / 2 cucharadas de salsa de soja

30 ml / 2 cucharadas de vino de arroz o jerez seco

2,5 ml / ½ cucharadita de sal

45 ml / 3 cucharadas de aceite de maní (maní)

Retire la carne de los huesos y córtela en trozos. Mezclar la carne con el resto de los ingredientes excepto el aceite. Reservar durante 1 hora. Calentar el aceite y sofreír el pato en la marinada durante unos 15 minutos hasta que esté blando.

Pato con jamón y puerro

para 4 personas

1 pato

450 g / 1 libra de jamón ahumado

2 temporadas

2 rodajas de raíz de jengibre, picadas

45 ml / 3 cucharadas de vino de arroz o jerez seco

45 ml / 3 cucharadas de salsa de soja

2,5 ml / ½ cucharadita de sal

Coloca el pato en la sartén y simplemente cúbrelo con agua fría. Llevar a ebullición, tapar y cocinar a fuego lento durante unos 20 minutos. Colar y reservar 450 ml / ¾ pza / 2 tazas de caldo. Deje que el pato se enfríe un poco, luego retire la carne del hueso y córtelo en cuadrados de 5 cm. Cortar el jamón en trozos similares. Cortar trozos largos de puerro y envolver la loncha de pato y jamón en una sábana y atar con hilo. Colóquelo en un recipiente resistente al calor. Agrega el jengibre, el vino o jerez, la salsa de soja y la sal al caldo reservado y vierte sobre los rollitos de pato. Coloque el recipiente en una olla llena de agua hasta que esté a dos tercios de los lados del recipiente. Llevar a ebullición, tapar y cocinar a fuego lento durante aproximadamente 1 hora, hasta que el pato esté tierno.

Pato asado con miel

para 4 personas

1 pato

sal

3 dientes de ajo machacados

3 chalotas (chalotes), picadas

45 ml / 3 cucharadas de salsa de soja

45 ml / 3 cucharadas de vino de arroz o jerez seco

45 ml / 3 cucharadas de miel

200 ml / 7 fl oz / poco menos de 1 taza de agua hirviendo

Seque el pato y frótelo con sal por dentro y por fuera. Mezcle el ajo, las cebolletas, la salsa de soja y el vino o jerez, luego divida la mezcla por la mitad. Mezclar la miel por la mitad y frotarla sobre el pato, luego dejar secar. Agregue agua a la mezcla de miel restante. Vierte la mezcla de salsa de soja dentro del pato y colócalo sobre la rejilla de una fuente para asar con un poco de agua en el fondo. Hornee en un horno precalentado a 180 °C/350 °F/termostato de gas 4 durante aproximadamente 2 horas, hasta que el pato esté tierno, rociándolo con la mezcla de miel restante.

pato asado mojado

para 4 personas

6 cebolletas (chalotes), picadas

2 rodajas de raíz de jengibre, picadas

1 pato

2,5 ml / ½ cucharadita de anís molido

15 ml / 1 cucharada de azúcar

45 ml / 3 cucharadas de vino de arroz o jerez seco

60 ml / 4 cucharadas de salsa de soja

250ml / 8oz / 1 taza de agua

Coloque la mitad de la chalota y el jengibre en una cacerola grande de fondo grueso. Coloca el resto en la cavidad del pato y agrégalo a la sartén. Agregue todos los ingredientes restantes excepto la salsa hoisin, deje hervir, cubra y cocine a fuego lento durante aproximadamente 1 1/2 horas, volteando ocasionalmente. Retirar el pato de la sartén y dejar secar unas 4 horas.

Coloque el pato sobre una rejilla en una fuente para asar llena de un poco de agua fría. Hornee en un horno precalentado a 230 °C/450 °F/termostato 8 durante 15 minutos, luego déle la vuelta y hornee por 10 minutos más hasta que se dore. Mientras tanto, recalentar el líquido reservado y verterlo sobre el pato.

Pato guisado con champiñones

para 4 personas

1 pato

75 ml / 5 cucharadas de aceite de maní (maní)

45 ml / 3 cucharadas de vino de arroz o jerez seco

15 ml / 1 cucharada de salsa de soja

15 ml / 1 cucharada de azúcar

5 ml / 1 cucharadita de sal

una pizca de pimienta

2 dientes de ajo machacados

225 g / 8 oz de champiñones, cortados a la mitad

600 ml / 1 ud / 2½ tazas de caldo de pollo

15 ml / 1 cucharada de harina de maíz (almidón de maíz)

30 ml / 2 cucharadas de agua

5 ml / 1 cucharadita de aceite de sésamo

Cortar el pato en 5 cm / 2 trozos. Calentar 45 ml / 3 cucharadas de aceite y sofreír el pato hasta que esté ligeramente dorado por todos lados. Agrega vino o jerez, salsa de soja, azúcar, sal y pimienta y cocina por 4 minutos. Retirar de la sartén. Calentar el aceite restante y sofreír los ajos hasta que estén ligeramente dorados. Agrega los champiñones y revuelve hasta que estén cubiertos de aceite, luego regresa el pato a la sartén y agrega el caldo. Llevar a ebullición, tapar y cocinar a fuego lento durante aproximadamente 1 hora, hasta que el pato esté tierno. Mezcle la maicena y el agua hasta obtener una pasta, luego incorpórela a la mezcla y cocine a fuego lento, revolviendo, hasta que la salsa espese. Espolvorea con aceite de sésamo y sirve.

pato con dos champiñones

para 4 personas

6 champiñones chinos secos
1 pato
750 ml / 1¼ puntos / 3 tazas de caldo de pollo
45 ml / 3 cucharadas de vino de arroz o jerez seco
5 ml / 1 cucharadita de sal
100 g de brotes de bambú, cortados en tiras
100 gramos de champiñones

Remojar los champiñones en agua tibia durante 30 minutos y luego escurrirlos. Deseche los tallos y corte la parte superior por la mitad. Coloque el pato en un recipiente grande apto para horno con el caldo, el vino o jerez y la sal y colóquelo en una olla llena de agua hasta que llegue a dos tercios de los lados del recipiente. Llevar a ebullición, tapar y cocinar a fuego lento durante unas 2 horas hasta que el pato esté tierno. Retirar de la sartén y cortar la carne de los huesos. Vierta el líquido de cocción en un recipiente aparte. Coloca los brotes de bambú y ambos tipos de champiñones en el fondo de la vaporera, añade la carne de pato, tapa y cocina al vapor durante otros 30 minutos. Llevar a ebullición el líquido de cocción y verterlo sobre el pato.

Pato Estofado Con Cebolla

para 4 personas

4 champiñones chinos secos

1 pato

90 ml / 6 cucharadas de salsa de soja

60 ml / 4 cucharadas de aceite de maní

1 cebolleta (chalote), picada

1 rodaja de raíz de jengibre, picada

45 ml / 3 cucharadas de vino de arroz o jerez seco

1 libra/450 g de cebolla, en rodajas

100 g/4 oz de brotes de bambú, picados

15 ml / 1 cucharada de azúcar moreno

15 ml / 1 cucharada de harina de maíz (almidón de maíz)

45 ml / 3 cucharadas de agua

Remojar los champiñones en agua tibia durante 30 minutos y luego escurrirlos. Deseche los tallos y corte la parte superior. Frote el pato con 15 ml / 1 cucharada de salsa de soja. Reservar 15 ml/1 cucharada de aceite, calentar el aceite restante y sofreír la cebolleta y el jengibre hasta que estén ligeramente dorados. Añade el pato y sofríe hasta que esté ligeramente dorado por todos lados. Elimina el exceso de tejido graso. Agregue el vino o jerez, el resto de la salsa de soja a la sartén y suficiente agua para cubrir casi el pato. Llevar a ebullición, tapar y cocinar a fuego lento durante 1 hora, volteando ocasionalmente.

Calentar el aceite reservado y sofreír la cebolla hasta que esté blanda. Retirar del fuego y agregar los brotes de bambú y los champiñones, luego agregar al pato, tapar y cocinar a fuego lento durante otros 30 minutos hasta que el pato esté tierno. Retirar el pato de la sartén, cortarlo en trozos y colocarlo en un plato caliente. Hierva los líquidos de la olla, agregue el azúcar y la maicena y cocine a fuego lento, revolviendo, hasta que la mezcla hierva y espese. Vierta sobre el pato para servir.

Pato Con Naranja

para 4 personas

1 pato
3 cebolletas (chalotes), cortadas en trozos
2 rodajas de raíz de jengibre, cortadas en tiras
1 rodaja de piel de naranja
sal y pimienta recién molida

Coloque el pato en una olla grande, simplemente cúbralo con agua y déjelo hervir. Agregue las cebolletas, el jengibre y la ralladura de naranja, cubra y cocine a fuego lento durante aproximadamente 1 1/2 horas, hasta que el pato esté tierno. Sazone con sal y pimienta, escurra y sirva.

Pato asado con naranja

para 4 personas

1 pato

2 dientes de ajo, cortados por la mitad

45 ml / 3 cucharadas de aceite de maní (maní)

1 cebolla

1 naranja

120 ml / 4 fl oz / ½ taza de vino de arroz o jerez seco

2 rodajas de raíz de jengibre, picadas

5 ml / 1 cucharadita de sal

Frote el pato con ajo por dentro y por fuera y luego unte con aceite. Pincha la cebolla pelada con un tenedor, colócala junto con la naranja sin pelar en la cavidad del pato y ciérrala con un palillo. Coloque el pato sobre una rejilla sobre una fuente para asar llena con un poco de agua caliente y hornee en un horno precalentado a 160°C/325°F/termostato de gas 3 durante aproximadamente 2 horas. Escurrir los líquidos y volver a colocar el pato en la fuente para asar. Vierta vino o jerez y espolvoree con jengibre y sal. Vuelva a colocar en el horno por otros 30 minutos. Desecha la cebolla y la naranja y corta el pato en trozos para servir. Vierta el jugo de la sartén sobre el pato para servir.

Pato con peras y castañas

para 4 personas

8 oz / 225 g de castañas sin cáscara

1 pato

45 ml / 3 cucharadas de aceite de maní (maní)

250 ml / 8 oz / 1 taza de caldo de pollo

45 ml / 3 cucharadas de salsa de soja

15 ml / 1 cucharada de vino de arroz o jerez seco

5 ml / 1 cucharadita de sal

1 rodaja de raíz de jengibre, picada

1 pera grande, pelada y cortada en rodajas gruesas

15 ml / 1 cucharada de azúcar

Hervir las castañas durante 15 minutos y escurrir. Cortar el pato en trozos de 5 cm / 2, calentar el aceite y sofreír el pato por cada lado hasta que esté ligeramente dorado. Escurrir el exceso de aceite, luego agregar el caldo, la salsa de soja, el vino o jerez, la sal y el jengibre. Llevar a ebullición, tapar y cocinar a fuego lento durante 25 minutos, revolviendo ocasionalmente. Agrega las castañas, tapa y cocina a fuego lento durante otros 15 minutos. Espolvorea la pera con azúcar, agrégala a la olla y cocina a fuego lento durante unos 5 minutos hasta que esté tibia.

pato picoteando

para 6

1 pato

250ml / 8oz / 1 taza de agua

120 ml / 4 oz / ½ taza de miel

120 ml / 4 fl oz / ½ taza de aceite de sésamo

Para panqueques:

250ml / 8oz / 1 taza de agua

225 g / 8 oz / 2 tazas de harina de trigo (para todo uso)

aceite de maní para freír

Para salsas:

120 ml / 4 fl oz / ½ taza de salsa hoisin

30 ml / 2 cucharadas de azúcar moreno

30 ml / 2 cucharadas de salsa de soja

5 ml / 1 cucharadita de aceite de sésamo

6 cebolletas (chalotes), cortadas a lo largo

1 pepino cortado en tiras

El pato debe estar entero, con la piel intacta. Ate bien el cuello con una cuerda y cosa o enhebre la abertura inferior. Haz un pequeño corte en el costado del cuello, inserta una pajita y sopla aire debajo de la piel hasta que se hinche. Cuelga el pato sobre un bol y déjalo reposar durante 1 hora.

Poner a hervir agua en una olla, añadir el pato y cocinar durante 1 minuto, luego retirar y secar bien. Hervir agua y agregar miel. Frote la mezcla sobre la piel del pato hasta que se sature. Cuelga el pato sobre un recipiente en un lugar fresco y aireado durante unas 8 horas, hasta que la piel esté firme.

Cuelga el pato o colócalo sobre una rejilla sobre una fuente para asar y hornéalo en un horno precalentado a 180 °C/350 °F/marca 4 durante aproximadamente 1,5 horas, rociándolo regularmente con aceite de sésamo.

Para hacer panqueques, hierva agua y luego agregue poco a poco la harina. Amasar ligeramente hasta que la masa esté suave, tapar con un paño húmedo y reservar durante 15 minutos. Estirar sobre una superficie enharinada y formar un tronco largo. Cortar en rodajas de 2,5 cm de grosor, luego aplanarlas hasta obtener un grosor de unos 5 mm y untar la parte superior con aceite. Colocar de dos en dos de manera que las superficies engrasadas se toquen y enharinar ligeramente el exterior. Enrolle los pares hasta que tengan unos 10 cm de ancho y fríalos durante aproximadamente 1 minuto por cada lado, hasta que estén ligeramente dorados. Separe y apile hasta que esté listo para servir.

Prepara las salsas mezclando la mitad de la salsa hoisin con el azúcar y el resto de la salsa hoisin con la salsa de soja y el aceite de sésamo.

Retirar el pato del horno, pelarle la piel y cortarlo en cuadritos, y cortar la carne en dados. Colóquelos en platos separados y sirva con panqueques, salsas y adiciones.

Pato Estofado Con Piña

para 4 personas

1 pato

400 g de piña en almíbar en conserva en trozos

45 ml / 3 cucharadas de salsa de soja

5 ml / 1 cucharadita de sal

una pizca de pimienta recién molida

Coloque el pato en una olla con fondo grueso, vierta agua encima, déjelo hervir, luego cubra y cocine a fuego lento durante 1 hora. Colar el almíbar de piña en la sartén con la salsa de soja, sal y pimienta, tapar y cocinar a fuego lento durante otros 30 minutos. Agrega los trozos de piña y cocina por otros 15 minutos hasta que el pato esté tierno.

Pato Estofado Con Piña

para 4 personas

1 pato

45 ml / 3 cucharadas de harina de maíz (almidón de maíz)

45 ml / 3 cucharadas de salsa de soja

225 g de piña en almíbar en lata

45 ml / 3 cucharadas de aceite de maní (maní)

2 rodajas de raíz de jengibre, cortadas en tiras

15 ml / 1 cucharada de vino de arroz o jerez seco

5 ml / 1 cucharadita de sal

Retire la carne de los huesos y córtela en trozos. Mezclar la salsa de soja con 30 ml/2 cucharadas de maicena y mezclar con el pato hasta que esté bien cubierto. Deje reposar durante 1 hora, revolviendo ocasionalmente. Triturar la piña y el almíbar y calentar suavemente en una sartén. Mezclar el resto de la harina de maíz con un poco de agua, agregar a la sartén y cocinar a fuego lento, revolviendo hasta que la salsa espese. Cuidarse. Calienta el aceite y fríe el jengibre hasta que esté ligeramente dorado, luego desecha el jengibre. Añade el pato y sofríe hasta que esté ligeramente dorado por todos lados. Añade el vino o jerez y la sal y cocina unos minutos más hasta que el pato esté cocido. Coloca el pato en un plato caliente, vierte la salsa encima y sirve inmediatamente.

Pato De Jengibre Y Piña

para 4 personas

1 pato
100 g de jengibre en almíbar en lata
200 g de piña en almíbar en conserva en trozos
5 ml / 1 cucharadita de sal
15 ml / 1 cucharada de harina de maíz (almidón de maíz)
30 ml / 2 cucharadas de agua

Coloca el pato en un recipiente apto para horno y colócalo en una olla llena de agua de modo que cubra dos tercios del recipiente. Llevar a ebullición, tapar y cocinar a fuego lento durante unas 2 horas hasta que el pato esté tierno. Retirar el pato y dejar enfriar un poco. Quitar la piel y los huesos y cortar el pato en trozos. Colóquelo en un plato para servir y manténgalo caliente.

Colar el almíbar de jengibre y piña en la sartén, agregar sal, maicena y agua. Llevar a ebullición, revolviendo, y cocinar a fuego lento durante unos minutos, revolviendo, hasta que la salsa se adelgace y espese. Agrega el jengibre y la piña, mezcla y vierte sobre el pato.

Pato Con Piña Y Lichis

para 4 personas

4 pechugas de pato
15 ml / 1 cucharada de salsa de soja
1 diente de anís estrellado
1 rodaja de raíz de jengibre
aceite de maní para freír
90 ml / 6 cucharadas de vinagre de vino
100 g / 4 oz / ½ taza de azúcar moreno
250 ml / 8 oz / ½ taza de caldo de pollo
15 ml / 1 cucharada de salsa de tomate (ketchup)
200 g de piña en almíbar en conserva en trozos
15 ml / 1 cucharada de harina de maíz (almidón de maíz)
6 lichis enlatados
6 cerezas marrasquino

Coloca los patos, la salsa de soja, el anís estrellado y el jengibre en una olla y cubre con agua fría. Llevar a ebullición, escurrir, tapar y cocinar a fuego lento durante unos 45 minutos, hasta que el pato esté cocido. Colar y secar. Freír en aceite caliente hasta que estén doradas.

Mientras tanto, combine el vinagre de vino, el azúcar, el caldo, la salsa de tomate y 30 ml/2 cucharadas de almíbar de piña en una olla, hierva y cocine a fuego lento durante unos 5 minutos hasta que espese. Agregue la fruta y caliente antes de verterla sobre el pato para servir.

Pato con cerdo y castañas

para 4 personas

6 champiñones chinos secos

1 pato

8 oz / 225 g de castañas sin cáscara

225 g de carne magra de cerdo cortada en cubos

3 chalotas (chalotes), picadas

1 rodaja de raíz de jengibre, picada

250 ml / 8 fl oz / 1 taza de salsa de soja

900 ml / 1½ puntos / 3¾ tazas de agua

Remojar los champiñones en agua tibia durante 30 minutos y luego escurrirlos. Deseche los tallos y corte la parte superior. Coloque en una sartén grande con todos los ingredientes restantes, lleve a ebullición, cubra y cocine a fuego lento durante aproximadamente 1 1/2 horas hasta que el pato esté bien cocido.

Pato Con Patatas

para 4 personas

75 ml / 5 cucharadas de aceite de maní (maní)

1 pato

3 dientes de ajo machacados

30 ml / 2 cucharadas de salsa de frijoles negros

10 ml / 2 cucharaditas de sal

1,2 l / 2 puntos / 5 vasos de agua

2 puerros, picados en trozos grandes

15 ml / 1 cucharada de azúcar

45 ml / 3 cucharadas de salsa de soja

60 ml / 4 cucharadas de vino de arroz o jerez seco

1 diente de anís estrellado

900 g de patatas, picadas en trozos grandes

½ cabeza de hojas chinas

15 ml / 1 cucharada de harina de maíz (almidón de maíz)

30 ml / 2 cucharadas de agua

ramitas de perejil con hojas planas

Calentar 60 ml / 4 cucharadas de aceite y sofreír el pato por todos lados hasta que esté dorado. Ate o cosa el extremo del cuello y coloque el pato, con el cuello hacia abajo, en un recipiente hondo. Calentar el aceite restante y sofreír los ajos hasta que estén ligeramente dorados. Agrega la salsa de frijoles negros y sal y sofríe por 1 minuto. Agrega agua, puerro, azúcar, salsa de soja, vino o jerez, anís estrellado y deja hervir. Vierta 120 ml/1 taza de mezcla en la cavidad del pato y ate o cosa para asegurar. Llevar a ebullición el resto de la mezcla en la cacerola. Añade el pato y las patatas, tapa y cocina a fuego lento durante 40 minutos, volteando el pato una vez. Coloca las hojas chinas en un plato para servir. Retirar el pato de la sartén, cortarlo en trozos de 5 cm/2 y colocar en un plato con las patatas. Mezcla la maicena con agua hasta obtener una pasta, mézclala en una sartén y cocina a fuego lento, revolviendo, hasta que la salsa espese.

Pato rojo hervido

para 4 personas

1 pato
4 cebolletas (chalotes), cortadas en trozos
2 rodajas de raíz de jengibre, cortadas en tiras
90 ml / 6 cucharadas de salsa de soja
45 ml / 3 cucharadas de vino de arroz o jerez seco
10 ml / 2 cucharaditas de sal
10 ml / 2 cucharaditas de azúcar

Coloque el pato en una cacerola pesada, simplemente cúbralo con agua y déjelo hervir. Agregue cebollino, jengibre, vino o jerez, sal, cubra y cocine a fuego lento durante aproximadamente 1 hora. Agregue el azúcar y cocine a fuego lento durante otros 45 minutos hasta que el pato esté tierno. Cortar el pato en un plato y servir frío o caliente, con o sin salsa.

Pato Asado Con Vino De Arroz

para 4 personas

1 pato

500 ml / 14 fl oz / 1¾ taza de vino de arroz o jerez seco

5 ml / 1 cucharadita de sal

45 ml / 3 cucharadas de salsa de soja

Coloque el pato en una cacerola de fondo grueso, agregue el jerez y la sal, lleve a ebullición, tape y cocine a fuego lento durante 20 minutos. Escurrir el pato, reservar el líquido y untar con salsa de soja. Colóquelo sobre una rejilla en una fuente para asar llena con un poco de agua caliente y hornee en un horno precalentado a 180 °C / 350 °F / marca de gas 4 durante aproximadamente 1 hora, rociando regularmente con el líquido del vino reservado.

Pato al vapor con vino de arroz

para 4 personas

1 pato
4 chalotes (chalotes), cortados por la mitad
1 rodaja de raíz de jengibre, picada
250 ml / 8 fl oz / 1 taza de vino de arroz o jerez seco
30 ml / 2 cucharadas de salsa de soja
pizca de sal

Blanquear el pato en agua hirviendo durante 5 minutos y escurrir. Colocar en un recipiente resistente al calor con los ingredientes restantes. Coloque el recipiente en una olla llena de agua hasta que esté a dos tercios de los lados del recipiente. Llevar a ebullición, tapar y cocinar a fuego lento durante unas 2 horas hasta que el pato esté tierno. Deseche las cebolletas y el jengibre antes de servir.

pato salado

para 4 personas

45 ml / 3 cucharadas de aceite de maní (maní)
4 pechugas de pato
3 cebolletas (chalotes), en rodajas
2 dientes de ajo machacados
1 rodaja de raíz de jengibre, picada
250 ml / 8 fl oz / 1 taza de salsa de soja
30 ml / 2 cucharadas de vino de arroz o jerez seco
30 ml / 2 cucharadas de azúcar moreno
5 ml / 1 cucharadita de sal
450 ml / ¾ pt / 2 tazas de agua
15 ml / 1 cucharada de harina de maíz (almidón de maíz)

Calentar el aceite y sofreír las pechugas de pato hasta que estén doradas. Agrega el cebollino, el ajo y el jengibre y sofríe durante 2 minutos. Agrega la salsa de soja, el vino o jerez, el azúcar y la sal y mezcla bien. Agregue agua, deje hervir, cubra y cocine a fuego lento durante aproximadamente 1 1/2 horas hasta que la carne esté muy tierna. Mezcla la harina de maíz con un poco de agua, luego agrégala a la olla y cocina a fuego lento, revolviendo hasta que la salsa espese.

Pato Salado Con Judías Verdes

para 4 personas

45 ml / 3 cucharadas de aceite de maní (maní)

4 pechugas de pato

3 cebolletas (chalotes), en rodajas

2 dientes de ajo machacados

1 rodaja de raíz de jengibre, picada

250 ml / 8 fl oz / 1 taza de salsa de soja

30 ml / 2 cucharadas de vino de arroz o jerez seco

30 ml / 2 cucharadas de azúcar moreno

5 ml / 1 cucharadita de sal

450 ml / ¾ pt / 2 tazas de agua

225 g de judías verdes

15 ml / 1 cucharada de harina de maíz (almidón de maíz)

Calentar el aceite y sofreír las pechugas de pato hasta que estén doradas. Agrega el cebollino, el ajo y el jengibre y sofríe durante 2 minutos. Agrega la salsa de soja, el vino o jerez, el azúcar y la sal y mezcla bien. Agrega agua, lleva a ebullición, tapa y cocina durante unos 45 minutos. Agrega los frijoles, tapa y cocina por otros 20 minutos. Mezcla la harina de maíz con un poco de agua, luego agrégala a la olla y cocina a fuego lento, revolviendo hasta que la salsa espese.

pato cocido a fuego lento

para 4 personas

1 pato

50 g / 2 oz / ½ taza de maicena (maicena)

aceite para freír

2 dientes de ajo machacados

30 ml / 2 cucharadas de vino de arroz o jerez seco

30 ml / 2 cucharadas de salsa de soja

5 ml / 1 cucharadita de raíz de jengibre rallada

750 ml / 1¼ puntos / 3 tazas de caldo de pollo

4 champiñones chinos secos

225 g / 8 oz de brotes de bambú, rebanados

225 g de castañas de agua, en rodajas

10 ml / 2 cucharaditas de azúcar

una pizca de pimienta

5 cebolletas (chalotes), en rodajas

Cortar el pato en trozos pequeños. Reserva 30 ml / 2 cucharadas de maicena y cubre el pato con la maicena restante. Quite el exceso de polvo. Calentar el aceite y sofreír los ajos y el pato hasta que estén ligeramente dorados. Retirar de la sartén y escurrir sobre papel de cocina. Coloca el pato en una sartén grande. Mezclar vino o jerez, 15 ml/1 cucharada de salsa de soja y jengibre. Agrega a la sartén y cocina a fuego alto durante 2 minutos. Añade la mitad del caldo, deja hervir, tapa y cocina a fuego lento durante aproximadamente 1 hora hasta que el pato esté suave.

Mientras tanto, remoje los champiñones en agua tibia durante 30 minutos y luego escúrralos. Deseche los tallos y corte la parte superior. Añade las setas, los brotes de bambú y las castañas de agua al pato y sofríe, revolviendo frecuentemente, durante 5 minutos. Escurrir la grasa del líquido. Mezcle el caldo restante, la maicena y la salsa de soja con el azúcar y la pimienta y revuelva en la sartén. Llevar a ebullición, revolviendo, luego cocinar a fuego lento durante unos 5 minutos hasta que la salsa espese. Transfiera a un recipiente caliente y sirva decorado con cebollino.

Pato frito

para 4 personas

1 clara de huevo, ligeramente batida
20 ml / 1 ½ cucharadas de harina de maíz (almidón de maíz)
sal
450 g de pechuga de pato, en rodajas finas
45 ml / 3 cucharadas de aceite de maní (maní)
2 cebolletas (chalotes), cortadas en tiras
1 pimiento verde cortado en tiras
5 ml / 1 cucharadita de vino de arroz o jerez seco
75 ml / 5 cucharadas de caldo de pollo
2,5 ml / ½ cucharadita de azúcar

Batir las claras con 15 ml / 1 cucharada de harina de maíz y una pizca de sal. Agrega el pato en rodajas y revuelve hasta que el pato esté cubierto. Calentar el aceite y sofreír el pato hasta que esté bien cocido y dorado. Retire el pato de la sartén y escurra todo menos 30 ml/2 cucharadas de aceite. Agrega las cebolletas y los pimientos y sofríe durante 3 minutos. Añade el vino o jerez, el caldo y el azúcar y deja hervir. Mezcle la harina de maíz restante con un poco de agua, agregue la salsa y cocine, revolviendo, hasta que la salsa espese. Agrega el pato, calienta y sirve.

pato con batatas

para 4 personas

1 pato

250 ml / 8 fl oz / 1 taza de aceite de maní (maní)

8 oz/225 g de batatas, peladas y cortadas en cubitos

2 dientes de ajo machacados

1 rodaja de raíz de jengibre, picada

2,5 ml / ½ cucharadita de canela

2,5 ml / ½ cucharadita de clavo molido

una pizca de anís molido

5 ml / 1 cucharadita de azúcar

15 ml / 1 cucharada de salsa de soja

250 ml / 8 oz / 1 taza de caldo de pollo

15 ml / 1 cucharada de harina de maíz (almidón de maíz)

30 ml / 2 cucharadas de agua

Cortar el pato en trozos de 5 cm / 2, calentar el aceite y sofreír las patatas hasta que estén doradas. Retirarlos de la sartén y escurrir todo menos 30 ml/2 cucharadas de aceite. Agrega el ajo y el jengibre y sofríe durante 30 segundos. Añade el pato y sofríe hasta que esté ligeramente dorado por todos lados. Agregue las especias, el azúcar, la salsa de soja y el caldo y deje hervir. Añade las patatas, tapa y cocina a fuego lento durante unos 20 minutos hasta que el pato esté tierno. Mezcle la harina de maíz con agua hasta formar una pasta, luego viértala en la olla y cocine, revolviendo, hasta que la salsa espese.

pato agridulce

para 4 personas

1 pato

1,2 l / 2 uds / 5 vasos de caldo de pollo

2 cebollas

2 zanahorias

2 dientes de ajo, picados

15 ml / 1 cucharada de especias para encurtir

10 ml / 2 cucharaditas de sal

10 ml / 2 cucharaditas de aceite de maní

6 cebolletas (chalotes), picadas

1 mango, pelado y cortado en cubitos

12 lichis, cortados por la mitad

15 ml / 1 cucharada de harina de maíz (almidón de maíz)

15 ml / 1 cucharada de vinagre de vino

10 ml / 2 cucharaditas de puré de tomate (pasta)

15 ml / 1 cucharada de salsa de soja

5 ml / 1 cucharadita de cinco especias en polvo

300 ml / ½ pt / 1 ¼ taza de caldo de pollo

Coloca el pato en una vaporera sobre una olla que contiene el caldo, la cebolla, la zanahoria, el ajo, la marinada y la sal. Cubra y cocine al vapor durante 2 1/2 horas. Enfriar el pato, tapar y dejar enfriar 6 horas. Retire la carne de los huesos y córtela en cubos. Calentar el aceite y sofreír el pato y el cebollino hasta que estén crujientes. Agregue los ingredientes restantes, lleve a ebullición y cocine a fuego lento durante 2 minutos, revolviendo, hasta que la salsa espese.

Pato mandarín

para 4 personas

1 pato
60 ml / 4 cucharadas de aceite de maní
1 trozo de cáscara de mandarina seca
900 ml / 1½ puntos / 3¾ tazas de caldo de pollo
5 ml / 1 cucharadita de sal

Cuelga el pato para que se seque durante 2 horas. Calentar la mitad del aceite y sofreír el pato hasta que esté ligeramente dorado. Transfiera a un tazón grande resistente al calor. Calentar el aceite restante y sofreír la piel de mandarina durante 2 minutos, luego añadirla al pato. Vierte el caldo sobre el pato y sazona con sal. Coloque el recipiente sobre una rejilla en la vaporera, cubra y cocine al vapor durante aproximadamente 2 horas, hasta que el pato esté tierno.

Pato Con Verduras

para 4 personas

1 pato grande, cortado en 16 trozos
sal
300 ml / ½ pt / 1¼ taza de agua
300 ml / ½ pt / 1¼ taza de vino blanco seco

120 ml / 4 fl oz / ½ taza de vinagre de vino

45 ml / 3 cucharadas de salsa de soja

30 ml / 2 cucharadas de salsa de ciruela

30 ml / 2 cucharadas de salsa hoisin

5 ml / 1 cucharadita de cinco especias en polvo

6 cebolletas (chalotes), picadas

2 zanahorias picadas

5 cm / 2 rábanos blancos picados

50 g/2 oz de bok choy, cortado en cubitos

pimienta recién molida

5 ml / 1 cucharadita de azúcar

Colocar los trozos de pato en un bol, espolvorear con sal y añadir agua y vino. Agregue vinagre de vino, salsa de soja, salsa de ciruela, salsa hoisin y cinco especias en polvo, deje hervir, cubra y cocine a fuego lento durante aproximadamente 1 hora. Agrega las verduras a la sartén, retira la tapa y cocina por otros 10 minutos. Sazone con sal, pimienta y azúcar y deje enfriar. Cubra y enfríe durante la noche. Quite la grasa y luego vuelva a calentar el pato en la salsa durante 20 minutos.

Pato Frito Con Verduras

para 4 personas

4 champiñones chinos secos

1 pato

10 ml / 2 cucharaditas de harina de maíz (almidón de maíz)

15 ml / 1 cucharada de salsa de soja

45 ml / 3 cucharadas de aceite de maní (maní)

100 g de brotes de bambú, cortados en tiras

50 g de castañas de agua cortadas en tiras

120 ml / 4 fl oz / ½ taza de caldo de pollo

15 ml / 1 cucharada de vino de arroz o jerez seco

5 ml / 1 cucharadita de sal

Remojar los champiñones en agua tibia durante 30 minutos y luego escurrirlos. Deseche los tallos y pique la parte superior. Retire la carne de los huesos y córtela en trozos. Mezclar la harina de maíz con la salsa de soja, agregar a la carne de pato y reservar durante 1 hora. Calentar el aceite y sofreír el pato por cada lado hasta que esté ligeramente dorado. Retirar de la sartén. Añade las setas, los brotes de bambú y las castañas de agua a la sartén y sofríe durante 3 minutos. Añade el caldo, el vino o jerez y la sal, lleva a ebullición y cocina a fuego lento durante 3 minutos. Vuelva a colocar el pato en la sartén, tape y cocine a fuego lento durante otros 10 minutos hasta que el pato esté tierno.

Pato Blanco Hervido

para 4 personas

1 rodaja de raíz de jengibre, picada
250 ml / 8 fl oz / 1 taza de vino de arroz o jerez seco
sal y pimienta recién molida
1 pato
3 chalotas (chalotes), picadas
5 ml / 1 cucharadita de sal
100 g/4 oz de brotes de bambú, picados
100 g de jamón ahumado cortado en rodajas

Mezclar jengibre, 15 ml/1 cucharada de vino o jerez, un poco de sal y pimienta. Frote la mezcla sobre el pato y déjelo reposar durante 1 hora. Coloque el ave en una cacerola de fondo grueso con la marinada y agregue las chalotas y la sal. Agregue suficiente agua fría para cubrir el pato, hierva, cubra y cocine a fuego lento durante aproximadamente 2 horas hasta que el pato esté tierno. Agregue los brotes de bambú y el jamón y cocine a fuego lento durante otros 10 minutos.

pato con vino

para 4 personas

1 pato
15 ml / 1 cucharada de salsa de frijol amarillo
1 cebolla picada
1 botella de vino blanco seco

Frote el pato por dentro y por fuera con la salsa de frijoles amarillos. Coloca la cebolla en la depresión. Hierva el vino en una olla grande, agregue el pato, vuelva a hervir, cubra y cocine a fuego lento durante aproximadamente 3 horas, hasta que el pato esté tierno. Escurrir y cortar en rodajas para servir.

www.ingramcontent.com/pod-product-compliance
Lightning Source LLC
Chambersburg PA
CBHW071901110526
44591CB00011B/1505